La vraie histoire d'Émilie Bordeleau

Fille de Caleb

Nathalie Jean

La vraie histoire d'*Émilie Bordeleau*

Fille de Caleb

Éditions de Mortagne

Données de catalogage avant publication (Canada)

Jean, Nathalie, 1972-

La vraie histoire d'Émilie Bordeleau, fille de Caleb
2e éd. rev. et augm.

ISBN 2-89074-687-9

1. Bordeleau, Émilie. 2. Écoles rurales - Québec (Province) -
Histoire - 19e siècle. 3. Enseignants - Québec (Province) -
Biographies.
I. Titre.

LA2325.B67J42 2004 371.1'0092 C2003-942180-5

Édition
Les Éditions de Mortagne
Case postale 116
Boucherville (Québec)
J4B 5E6

Distribution
Tél. : (450) 641-2387
Téléc. : (450) 655-6092
Courriel : edm@editionsdemortagne.qc.ca

Dépôt légal
Bibliothèque nationale du Canada
Bibliothèque nationale du Québec
Bibliothèque Nationale de France
1er trimestre 2004

ISBN : 2-89074-687-9
1 2 3 4 5 – 04 – 08 07 06 05 04

Imprimé au Canada

Nous reconnaissons l'aide financière du gouvernement du Canada par l'entremise du Programme d'aide au développement de l'industrie de l'édition (PADIÉ) et celle du gouvernement du Québec par l'entremise de la Société de développement des entreprises culturelles (SODEC) pour nos activités d'édition. Gouvernement du Québec – Programme de crédit d'impôt pour l'éditions des livres – Gestion SODEC.

*À la mémoire de madame
Émilie Bordeleau Pronovost...*

*Je dédie ce livre à mon mari, l'homme de ma vie,
Réal Rompré, et à mes filles, Émilie et Sarah.
Merci pour votre amour...*

Je tiens à remercier mes parents, Diane et Yvon Jean, car sans eux mon livre n'aurait jamais vu le jour. Merci papa de m'avoir accompagnée dans mes déplacements et de m'avoir soutenue. Merci maman d'être là et d'être mon amie...
Merci pour tout votre amour.

Un immense merci à monsieur Serge Bélair et à madame Danielle Ouimet, qui ont été les premiers à croire en moi.

Merci aussi aux personnes suivantes :

À monsieur Érick Rémy, qui a joué un rôle important dans cette réalisation.

À madame Michèle Lemieux, pour son aide et ses bons conseils.

À Michel Gauthier, photographe.

À Pierre (Kabord) Cadorette, pour ses magnifiques photos du tournage des *Filles de Caleb.*

À Gérard Loiselle, Jean-Philippe Drouin, Julie Houle et Julie Jutras pour les photos.

À Guy Beaupré, photographe.

Aux comédiens des deux séries, pour leurs commentaires qui étaient exposés au Musée des filles de Caleb.

Au notaire René Francœur. À madame Estelle Brisson, des Archives nationales du Québec à Montréal. À messieurs Reynald Lessard, Pierre-Louis Lapointe et Denis Giguère, des Archives nationales du Québec à Québec. À monsieur Christian Lalancette, des Archives du séminaire de Trois-Rivières.

Aux paroisses de Saint-Tite et de Saint-Stanislas, et à toutes les paroisses qui m'ont manifesté soutien et intérêt.

À l'hôpital Saint-Luc et à l'hôpital Notre-Dame de Montréal.

Remerciements

Au comité du Musée des filles de Caleb à Saint-Stanislas, et tout
spécialement aux familles Joachim Dessureau et Trépanier Massicotte.

À monsieur Denis Lemieux, de Rouyn-Noranda.

À monsieur et madame André Périgny, à monsieur et madame Adola Jacob,
à madame Jean-Marie Langlois, à messieurs Paul Hardy, Roland Pronovost,
Jean-Guy Trépanier, Laurent Pronovost, à madame Carole Bédard et tout
spécialement à monsieur et madame Pierre Lebrun de Saint-Tite.

À mesdames Monique Dessureau et Françoise Bordeleau.

À messieurs Georges-Henri Marcotte, Albert Renault, et à mesdames
Jeannine Bronsard Gagnon du Lac-aux-Sables et Monique Mongrain
du Cap-de-la-Madeleine. À madame Marie-Ange Béland Bary de Sainte-Thècle,
à madame Rose Toutant Cloutier de Hervey-Jonction.

À feue Rolande Pronovost Buteau, fille cadette d'Émilie Bordeleau, pour la
plupart des photos des membres de la famille Bordeleau-Pronovost. Merci à
sa fille habitant Toronto, qui a su comprendre la relation
que j'entretenais avec sa mère.

À Jean-Louis Veillette, cousin de Blanche, qui, en 1992, m'a offert des copies
de ses photos et de ses lettres personnelles pour mes recherches
concernant Blanche dans le cadre d'un article paru
dans le magazine *Le Lundi* (vol. 17, n° 45).

À Carolyn Bergeron, pour le soin qu'elle accorde au moindre détail
et pour sa minutie dans son travail de révision.

Merci à mon mari, Réal Rompré, que j'aime énormément et qui partage
ma vie depuis 1995. Merci à mes jumelles, Émilie et Sarah. Vous êtes mes
plus belles réussites. Je suis choyée d'avoir une si belle famille. Je vous aime.

Un merci tout particulier à mon amie Marina Orsini pour son soutien moral.

Et finalement, merci de tout cœur à madame Arlette Cousture de nous avoir
fait découvrir Émilie Bordeleau...

*Avertissement : L'orthographe des noms de même que les erreurs des actes
notariés et des documents n'ont pas été corrigées. Ceux-ci ont été retranscrits
tels qu'ils ont été écrits à cette époque.*

Table des matières

Préface 13

Chapitre 1   Caleb Bordeleau 15

Chapitre 2   La mort de Caleb 25

Chapitre 3   Qui est vraiment Émilie Bordeleau ? 29

Chapitre 4   L'institutrice 33

Chapitre 5   Le début d'un amour 39

Chapitre 6   Son rôle de mère 49

Chapitre 7   La mort de Dosithé 59

Chapitre 8   Le déménagement 63

Chapitre 9   Une nouvelle vie 69

Chapitre 10   Émilie, l'attraction du village 77

Chapitre 11   L'Abitibi 87

Chapitre 12   Adieu Saint-Tite 91

Chapitre 13   Émilie retrouve Ovila 103

Chapitre 14   De retour à Saint-Stanislas 107

Chapitre 15   Une passion nommée Ovila Pronovost 113

Chapitre 16   Les enfants d'Émilie 123

Chapitre 17   Blanche Pronovost 141

Chapitre 18   La famille Pronovost 157

Chapitre 19   *Les Filles de Caleb* et *Blanche* 163

Conclusion 179

Annexes 181

Préface

C'est avec le cœur rempli de souvenirs et d'émotion que je t'offre ces quelques lignes, ma belle Nathalie, en te disant bravo pour toutes ces années de travail et de recherche, motivées par ta si grande passion.

Pour moi, *Les Filles de Caleb* sera à tout jamais gravé dans mon cœur et Émilie dans mon âme. Avoir eu le privilège et le plaisir de l'incarner aura été un grand moment dans ma carrière et j'en suis très fière.

À vous, lecteurs et lectrices, je dis bonne lecture ou plutôt « Bon retour dans le temps ».

Marina Orsini

Chapitre 1

Caleb Bordeleau

François-Xavier (Caleb) Bordeleau naît le 13 janvier 1856 à Saint-Stanislas, comté de Champlain, en Mauricie. Il est le fils de Marcel (Marseille) Bordeleau, cultivateur, et d'Émilie Delisle.

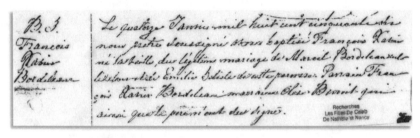

Acte de baptême de François-Xavier (Caleb) Bordeleau.

Acte de baptême
de François-Xavier (Caleb) Bordeleau

Le quatorze Janvier mil huit cent cinquante six, nous prêtre soussigné avons baptisé François Xavier né la veille, du légitime mariage de Marcel Bordeleau cultivateur et de Émilie Delisle de cette paroisse. Parrain François Xavier Bordeleau, marraine Olive Benoît qui ainsi que le père n'ont su signer.

La famille Bordeleau comptera dix enfants, soit six garçons et quatre filles :

Eusèbe	1837-1890	Vitaline	1847-1927
Théophile	1839-1903	Lucie	1849-1924
Odile	1840-1931	Apolline	1851-1877
Trefflé	1842-1918	Amédé	1854-1943
Amable	1845-1905	Caleb	1856-1915

Il est bien difficile de parler de l'enfance de Caleb Bordeleau puisqu'on doit remonter très loin dans le passé et que plus personne de cette époque n'est vivant. Par contre, dans la famille, beaucoup se souviennent d'avoir entendu parler de l'histoire d'amour de Caleb et Célina. Laissez-moi vous la raconter.

Un jour, Caleb fait la rencontre d'une jolie institutrice, Célina Dessureau, et en devient follement amoureux. Pour voir sa bien-aimée, Caleb traverse un pont de bois enjambant la rivière Batiscan. Sur l'autre rive, il se rend à la maison de Bellarmin Dessureau et d'Émilie Proteau, les parents de Célina.

Maison de Célina à Saint-Stanislas.

On raconte que Célina avait plusieurs prétendants et que Caleb a dû se battre pour gagner le cœur de sa belle.

Après plusieurs mois de fréquentation, il épouse finalement Célina à Saint-Stanislas, le 18 septembre 1877. Caleb est alors âgé de 21 ans ; son épouse, elle, est âgée de 24 ans.

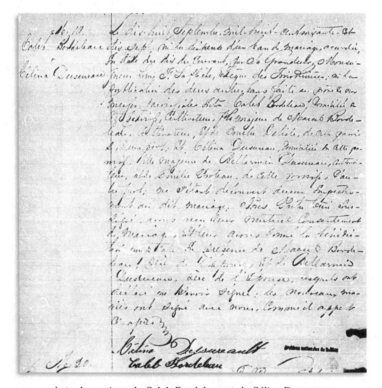

Acte de mariage de Caleb Bordeleau et de Célina Dessureau.

Acte de mariage de Caleb Bordeleau et de Célina Dessureau

Le dix-huit Septembre, mil-huit-cent-soixante-et-dix-sept, vu la dispense d'un ban de mariage, accordée, en date du dix du Courant, par

Sa Grandeur, Monseigneur Louis F. Laflèche, Évêque des Trois-Rivières ; vu la publication des deux autres bans faite au prône de nos messes paroissiales entre Caleb Bordeleau domicilié en cette paroisse, Cultivateur, fils majeur de Marcel Bordeleau, Cultivateur, et de Émilie Delisle, de cette paroisse d'une part ; et Célina Dessureau, domiciliée en cette paroisse, fille majeure de Bellarmin Dessureau, Cultivateur et de Émilie Proteau, de cette paroisse, d'autre part ; ne s'étant découvert aucun empêchement au dit mariage, Nous Prêtre Curé Soussigné avons reçu leur mutuel consentement de mariage, et leur avons donné la bénédiction nuptiale en présence de Marcel Bordeleau, père de l'époux, et de Bellarmin Dessureau, père de l'épouse, lesquels ont déclaré ne savoir signé, les nouveaux mariés ont signé avec nous, comme il appert ci-après.

Célina Dessureault - Caleb Bordeleau - Pierre Trefflé Gouin

Caleb Bordeleau, père d'Émilie.

Célina Dessureau, mère d'Émilie.

Lors du mariage de Caleb, son père, Marcel, lui fait donation *(...) d'un arpent de terre de front sur vingt-cinq arpents de profondeur, situé en ladite paroisse de Saint-Stanislas, Seigneurie de Batiscan, dans le rang de la côte St-Paul ; borné de front au chemin qui divise les deux rangs de ladite côte St-Paul et en profondeur à la côte St-Louis. Donne de plus ledit donateur au dit donataire celui-ci acceptant, la moitié indivise de la maison, grange et étable et autres bâtisses qui se trouvent tant sur l'arpent susdonné que sur l'arpent que le donateur se réserve. Donne de plus ledit donateur au dit donataire, ce acceptant, la moitié indivise de tous ses animaux, outils et ustensiles d'agriculture, meubles de ménage et effets mobiliers(...)*[1].

Terre de Caleb Bordeleau à la côte Saint-Paul, à Saint-Stanislas.

Caleb installe sa jeune épouse dans leur maison. À l'instar de la plupart des couples de l'époque, les nouveaux mariés espèrent avoir plusieurs enfants. Et, de fait, quelques mois après son mariage, Célina devient enceinte de son premier enfant.

---

1. ANQ, Montréal. Notaire E. Rinfret. Le 16 septembre 1877.

Voici leurs enfants :

Léda (1878-1908) - Émilie (1879-1946) - Edwidge (1882-1958)
Émilien (né en 1884, la date de son décès reste inconnue)
Année (1886-1944) - Napoléon (1888-1960)
Honoré (1890-1970) - Amédé Rosaire (1892)
Jean-Baptiste (1894-1994) - Alma (17 janvier 1897-3 mars 1897)

Léda Bordeleau, sœur
d'Émilie.

Année Bordeleau,
sœur d'Émilie.

Napoléon Bordeleau,
frère d'Émilie.

Jean-Baptiste,
frère d'Émilie.

Un autre
frère d'Émilie[1].

Un autre fils
de Caleb Bordeleau[1].

1. Après plusieurs rencontres avec divers membres de la famille, il est impossible d'identifier lesquels des frères d'Émilie apparaissent sur ces photos. L'auteure est confrontée à des affirmations contradictoires.

Le 13 avril 1896, Caleb donne la main de sa fille aînée, Léda, qui n'a que 17 ans et demi, à Amédé Dupuis. Ce jour-là, on assiste au premier mariage des enfants de Caleb. Ce mariage étant très important pour Émilie, elle jongle avec son horaire chargé, lequel la retient dans un autre village, pour y assister.

Acte de mariage de Léda Bordeleau et d'Amédé Dupuis.

Acte de mariage de Léda Bordeleau et d'Amédé Dupuis

Le treize avril mil huit cent quatre vingt seize nous, prêtre curé soussigné, après la publication d'un ban de mariage faite au prône de notre messe paroissiale et la même publication faite au prône de la messe paroissiale de St-Tite, comme il appert par le certificat du curé de la dite paroisse, entre Amédée Dupuis, fils majeur de André Dupuis cultivateur, et de Émilie Moreau, de la paroisse de St-Tite d'une part, et Léda Bordeleau, fille mineure de Caleb Bordeleau, cultivateur, et de Célina Dessureaux de cette paroisse d'autre part. Vu la dispense des deux autres bans accordée par Monseigneur L.F. Laflèche, évêque des Trois-Rivières, et ne s'étant découvert aucun empêchement, avons reçu leur mutuel consentement de mariage et leur avons donné la bénédiction nuptiale en présence de André Dupuis père de l'époux et de Caleb Bordeleau père de l'épouse qui ont signé avec nous, ainsi que les deux époux et d'autres parents et amis.

André Dupuis	*Angélina Trudel*
Caleb Bordeleau	*Obéline Bordeleau*
Amédé Dupuis	*Alfred Bordeleau*
Léda Bordeleau	*Émilie Bordeleau*
Amédée Bordeleau	*Joséphine Dupuis*
J.E.R. Caisse Ptre Curé	

En 1897, Célina est âgée de 44 ans et enceinte de son dixième enfant. Sa santé précaire et son âge avancé inquiètent beaucoup Caleb. Depuis longtemps déjà, Caleb s'inquiète pour Célina.

Le 17 janvier, elle donne naissance à une petite fille, qu'ils prénomment Alma.

Un drame s'abat sur la famille Bordeleau lorsque le nourrisson meurt à l'âge d'un mois et demi, le 3 mars 1897.

Le 3 février 1908, Caleb et Célina ont la douleur de perdre une autre fille. Léda, qui n'a que 30 ans, meurt en couches. Son époux se retrouve seul avec six enfants à charge. C'est un moment très difficile pour Caleb.

Quelques années plus tard, la famille de Caleb se disperse. De ses six fils, seuls Napoléon et Honoré demeurent à Saint-Stanislas. Les quatre autres s'expatrient en Abitibi, à La Sarre plus précisément. Les enfants de Napoléon grandiront sur la terre paternelle, à Saint-Stanislas.

D'autre part, ce qu'on raconte au sujet de la passion de Caleb pour les chevaux est véridique ; il les adorait, rien de moins. Au village, on raconte aussi qu'il était très drôle. Il aimait bien discuter de choses et d'autres. Le souvenir de ses nombreuses visites au magasin général Massicotte s'est transmis de génération en génération.

Compte de crédit de Caleb au magasin Massicotte.

Chapitre 2

La mort de Caleb

D ans la nuit du 10 janvier 1915, alors qu'il n'a que 59 ans, Caleb
meurt durant son sommeil d'une indigestion aiguë ; les
beignes chauds qu'il a mangés avant d'aller dormir lui ont porté,
semble-t-il, un coup fatal.

Au petit matin, Célina découvre le corps froid de son mari. Elle se
rend compte alors qu'elle a partagé toute une nuit avec la mort.
Après 28 ans d'amour et de soutien mutuel, comment pourra-t-elle
vivre sans lui ?

Tous sont surpris d'apprendre le décès de Caleb Bordeleau. La
santé précaire de Célina laissait présager qu'elle partirait la
première, laissant Caleb seul avec lui-même. Jusqu'à ce jour, les
enfants étaient très inquiets de ce qu'il adviendrait de leur père
s'il fallait que... Mais, fidèle à ses habitudes, Caleb leur joua un
très mauvais tour.

Déclaration de décès de Caleb Bordeleau

*L'an mil neuf cent quinze le douzième jour du mois d'avril. Devant
Maître L.E. Germain, notaire public pour la province de Québec,
Canada, résidant et pratiquant en la paroisse de Saint-Stanislas de la
Rivière-des-Envies, dans le district des Trois-Rivières. A comparu :
Monsieur Émilien Bordeleau, cultivateur, résidant en ladite paroisse
de Saint-Stanislas. Lequel a déclaré, par les présentes, que Monsieur
Caleb Bordeleau, fils de Marcel, en son vivant cultivateur, résidant
en ladite paroisse de Saint-Stanislas, est décédé ab intestat, à
Saint-Stanislas le onze janvier mil neuf cent quinze. Que ses héritiers
sont : Émilien Bordeleau, cultivateur, Napoléon Bordeleau, cultivateur,*

Honoré Bordeleau, cultivateur, Rosaire Bordeleau, cultivateur, Jean-Baptiste Bordeleau, cultivateur, tous résidant en ladite paroisse de Saint-Stanislas ; Dame Année Bordeleau épouse de Monsieur Omer Baribault, fromager résidant en la paroisse de Ste-Geneviève de Batiscan, dit district, Dame Émélie Bordeleau résidant en la paroisse de Saint-Tite épouse de monsieur Alvida Pronovost, journalier du même lieu, enfants issus du mariage, dusdit feu Caleb Bordeleau et Dame Célina Dessureau, son épouse. Et Benoît Dupuis, Cécile Dupuis, Paul Dupuis, Charles Dupuis, Régina Dupuis et Marcel Dupuis enfants mineurs issus du mariage de Amédé Dupuis, cultivateur, résidant en la dite paroisse de Saint-Tite et de feu dame Léda Bordeleau son épouse. Ces derniers par représentations de feu ladite Dame Léda Bordeleau, leur mère, que les immeubles dépendants de la succession sont les suivants :

1. Un lot de terre, connu et désigné sur le plan officiel et dans le livre de renvoi de Saint-Stanislas sous le numéro soixante et treize (73) avec une maison et autres bâtisses dessus construites.

2. De la moitié indivise des immeubles ci-après désignés faisant partie de la communauté conventionnelle qui a existé, entre ledit feu Caleb Bordeleau, avec ladite Dame Célina Dessureau, en vertu d'un contrat de mariage, passé devant E. Rinfret notaire, en date du seize septembre mil huit cent soixante et dix-sept, savoir : Trois lots de terre connus et désignés sur lesdits plans et livre de renvoi officiels de ladite paroisse de Saint-Stanislas, sous le numéro soixante et six, quarante-deux, et cinq cent soixante et un (66-42-561) avec bâtisses dessus construites. Dont acte fait et passé sous le numéro cinq mil quatre cent quatorze à Saint-Stanislas, les jour, mois et an en premier lieu écrits : Et après lecture faite ledit comparant a signé avec nous Notaire.

Émilien Bordeleau
L. Germain[1]

---

1. Notaire L.E. Germain. Le 12 avril 1915.

À la suite du décès de son mari, la santé de Célina décline un peu plus chaque jour. Elle habite avec son fils Napoléon, qui est très près d'elle et en qui elle a énormément confiance. Il est le seul à pouvoir soigner sa mère ; en effet, Célina interdit aux autres de lui prodiguer les soins nécessaires à sa santé.

Les mois passent et Célina, qui craint de plus en plus l'arrivée du premier Noël sans son mari, se laisse mourir lentement. Une si grande fête sans lui serait beaucoup trop pénible ! Le 23 décembre 1915, 11 mois après le départ de Caleb, Célina le rejoint dans un monde meilleur. Elle est enterrée à côté de son mari dans le cimetière de la paroisse de Saint-Stanislas.

Objets ayant appartenu à Caleb et à Célina exposés au Musée des filles de Caleb à Saint-Stanislas. Après la fermeture du Musée, tous ces objets ont été remis à leur propriétaire, Françoise Bordeleau, la fille de Napoléon, lui-même frère d'Émilie.

Caleb et Célina Bordeleau laissent derrière eux plusieurs descendants. La plus populaire est sans doute leur fille Émilie... Mais qui est donc vraiment cette fille de Caleb Bordeleau ?

Chapitre 3

Qui est vraiment Émilie Bordeleau ?

Marie Émilie Bordeleau naît le 21 décembre 1879, dans le village de Saint-Stanislas, comté de Champlain. Ce village *est situé dans un coin pittoresque de la Mauricie, au cœur d'une vallée baignée par les rivières Batiscan, des Envies et des Chutes. La paroisse de Saint-Stanislas est l'une des plus anciennes du diocèse de Trois-Rivières*[1].

Berceau d'Émilie, ayant d'abord appartenu à Célina, sa mère.

---

1. Saint-Stanislas, comté de Champlain. *Répertoire historique*, vol. 1, Édition du bien public, 1977. Janine Trépanier Massicotte.

Intérieur de l'église
de Saint-Stanislas
où se sont mariés :
Caleb et Célina, 1877
Émilie et Ovila, 1901
Alice et Henri
Boisvert, 1937
Blanche et Clovis
Émile Couture, 1938.

Paroisse
de Saint-Stanislas,
lieu de naissance,
mariage et sépulture
d'Émilie.

Église de Saint-Stanislas
de nos jours.

Émilie est le deuxième enfant d'une famille de dix, qui compte quatre filles et six garçons. À sa naissance, on lui donne le prénom d'Émilie en l'honneur de ses grands-mères maternelles et paternelles, qui portaient, elles aussi, ce joli prénom.

Acte de baptême d'Émilie Bordeleau.

Acte de baptême d'Émilie Bordeleau

Le vingt-trois Décembre, mil-huit-cent-soixante-dix-neuf, nous Prêtre Vicaire Soussigné, avons baptisé Marie Émilie, née l'avant-veille, du légitime mariage de Caleb Bordeleau cultivateur et de Célina Dessureau de cette paroisse. Parrain Théophile Bordeleau cultivateur, marraine Georgiana Dessureaux tous deux de cette paroisse. Le parrain a déclaré ne savoir signer ; le père et la marraine ont signé avec nous.

Caleb Bordeleau   J. Beaudet Ptre Vic.
Georgiana Dessureau

L'enfance d'Émilie ne diffère en rien de celle des autres enfants. À Saint-Stanislas, personne ne se doute que la petite Bordeleau de la côte Saint-Paul deviendra l'une des institutrices les plus admirées du Québec.

Petite fille, la jeune Émilie montre déjà beaucoup de détermination. Elle a, dès cette époque, cette qualité qui fera d'elle la « maîtresse d'école » dont tous se souviendront. Elle fréquente d'abord l'école du rang de la côte Saint-Paul, puis l'école modèle du village de Saint-Stanislas. Elle adore lire et se passionne pour les études.

École modèle de Saint-Stanislas où Émilie suivit son cours d'institutrice.

Lorsqu'elle atteint l'adolescence, son père lui demande de quitter l'école. Selon lui, Émilie est beaucoup trop âgée pour continuer ses études. Après tout, ce n'est qu'une fille... Et puis, sa mère, qui est atteinte du diabète[1], aurait bien besoin de l'aide de ses filles à la maison. Mais Émilie caresse un rêve... Elle voudrait être institutrice, comme sa mère. Caleb désapprouve son choix ; l'idée de voir sa fille partir vivre seule dans une école de rang, dans un village inconnu, ne lui plaît guère. Toutefois, avec la détermination qui la caractérise si bien, Émilie poursuit son but.

---

1. Cette maladie était méconnue de la famille. Plus tard, quand un médecin diagnostiquera le diabète chez Paul, le fils d'Émilie, les membres de la famille établiront un lien entre les malaises qui affaiblissaient Célina et les symptômes que présentait Paul.

Chapitre 4

L'institutrice

Malgré le refus de son père, Émilie devient institutrice à Sainte-Thècle de Champlain, dans l'arrondissement n° 5. Trente-sept kilomètres séparent Sainte-Thècle du village de Saint-Stanislas. Pour s'y rendre en calèche, Émilie doit prévoir trois heures de route.

Selon les documents, elle commence sa carrière d'institutrice sans avoir obtenu son diplôme. Émilie n'a alors que 15 ans, et elle donne la classe de la première à la septième année. Elle enseigne dans une école de rang à des élèves à peine plus jeunes qu'elle, ce qui lui demande une force et une maturité hors du commun. Elle se doit d'imposer le respect malgré son jeune âge, ce qu'elle réussit très bien.

Le 9 janvier 1896, l'inspecteur d'école, monsieur Lefebvre, mentionne que : *La salle de classe de l'école où enseigne Mlle Bordeleau est trop petite,* (que) *les cabinets d'aisances doivent être réparés et* (que) *l'école n'est pas suffisamment pourvue de cartes géographiques. (…) plusieurs institutrices, dont celle de l'école n° 5* (Émilie) *ne sont pas diplômées ; comme elles ont été engagées sans autorisation, les commissaires d'école sont exposés à être privés de leur part de subvention*[1].

À la suite de ce rapport, Émilie décide de faire ce qu'il faut pour obtenir son diplôme d'institutrice. Le 13 octobre 1896, elle obtient son diplôme élémentaire à Trois-Rivières. Elle est alors âgée de 16 ans. Le 25 novembre 1896, elle retrouve donc sa petite école de Sainte-Thècle.

---

1. ANQ, Québec. Fonds=Éducation, E13. Département de l'Instruction publique. Remarques de l'inspecteur. Sainte-Thècle. Le 9 janvier 1896. N° 31.

En 1897, Émilie enseigne toujours à l'école n° 5 de Sainte-Thècle. Son salaire annuel est de 125 $[1]. Pendant dix mois, l'école lui sert de résidence et reçoit le surnom de « maison-école ». Durant les vacances d'été, elle retourne chez ses parents, à Saint-Stanislas.

Pour Émilie, qui adore les enfants, enseigner dans une école de rang est la réalisation d'un rêve. Pourtant, les institutrices en milieu rural sont moins bien rémunérées que celles qui enseignent à la ville. Et en plus de ses tâches d'enseignante, Émilie doit voir à l'entretien ménager de l'école et chauffer elle-même le poêle durant l'hiver.

Pour l'année 1898-1899, Georges Bélanger et François Béland, commissaires de Sainte-Thècle, considèrent que :

Le local de la classe de l'école n° 5 est devenu trop petit pour le nombre d'élèves.

Ils désirent : (...) terminer le second étage de cette maison-école afin de donner un logement confortable à l'institutrice. Une chambre à coucher sera construite à l'endroit le plus « commode ». On y installera un escalier boisé avec une porte en haut de l'escalier et des « châssis » doubles pour le second étage[2].

Grâce à l'appui et à l'admiration des gens de Sainte-Thècle, Émilie est donc installée confortablement. Elle aime beaucoup sa petite école de rang, en dépit de certains inconvénients.

Un jour, un contribuable se plaint aux commissaires de ce que la « maîtresse » a donné une correction à un de ses enfants. Selon les témoins, la correction était par ailleurs très légère. Comment Émilie pourrait-elle faire comprendre aux gens qu'elle a une tâche énorme à accomplir, qui la dépasse même parfois ?

---

1. Procès-verbaux de la Commission scolaire de Normandie. Sainte-Thècle, 1897.

2. Procès-verbaux de la Commission scolaire de Normandie. Sainte-Thècle, 1898-1899.

Le 7 février 1899, l'inspecteur J.O. Thibault rend visite aux élèves de l'école d'Émilie :

39 élèves présents sur 66 inscrits au journal d'appel. Assistance moyenne 55. (...) Il y a application pour l'écriture concernant quelques élèves encore présents et aussi quelques-uns ont des cahiers trop avancés pour leur capacité. (...) La discipline me paraît bonne ainsi que la tenue. Notes d'examens : Bien satisfaisante. L'assistance est meilleure que l'année dernière, mais c'est une école nombreuse qui donne beaucoup de travail. Il est malheureux qu'un bon nombre de parents ne donnent pas à leurs enfants tout ce qui est nécessaire à l'école[1].

En effet, certains enfants se rendent à l'école pieds nus et sans aucun effet scolaire. De plus, les parents ont besoin de bras pour cultiver la terre ; par conséquent, les garçons quittent presque toujours l'école avant l'âge de 14 ans. Le travail manuel et la force physique sont plus valorisés que l'instruction. Aussi, au temps des semences et des récoltes, le nombre d'absences augmente notablement. Certains prétendent même qu'il n'est pas nécessaire qu'une fille soit trop instruite. Le vrai métier de la femme de l'époque est celui d'être mère de famille.

En 1899, Émilie se retrouve au cœur d'une controverse. Un commissaire d'école désire la remercier pour la remplacer par une autre. Mais puisqu'elle est considérée comme une bonne « maîtresse d'école », elle est appuyée par les habitants du rang, par le maire du village, ainsi que par plusieurs cultivateurs et parents d'élèves.

La lettre qui suit a été écrite par le maire du village de Sainte-Thècle, monsieur Alfred Nault. Elle est adressée au surintendant de l'Instruction publique.

---

1. ANQ, Québec. Fonds=Éducation, E13. Département de l'Instruction publique. Remarques de l'inspecteur J.O. Thibault. Sainte-Thècle. Le 7 février 1899.

Nous soussignés contribuables de la municipalité scolaire de l'arrondissement n° 5 de Ste-Thècle, avons l'honneur de soumettre à votre bienveillante appréciation, une résolution annexée à la présente requête, passée le 25 Avril dernier, à l'effet de notifier Mlle Emélie Bordeleau, institutrice du sus-dit arrondissement, qu'elle ne sera plus réangagée comme telle pour l'année scolaire 1899-1900.

Attendu que nous, contribuables, n'avons aucune plainte envers Mlle Bordeleau, à formuler, et que d'ailleurs cette notice lui a été délivrée sans qu'aucune plainte ait été faite par les contribuables de notre arrondissement ;

Attendu que la motion de non-réangagement a été faite par un commissaire étranger à l'arrondissement n° 5, et dans le seul but de placer une autre institutrice à l'endroit de Mlle Emélie Bordeleau, plus conforme aux goûts du dit commissaire ;

Attendu que le commissaire représentant l'arrondissement n° 5 n'était pas présent à l'assemblée, et qu'il est juste et raisonnable que s'il y eût eu des plaintes, que c'était à celui-ci qu'il incomberait de les faire ;

Attendu qu'on s'est servi d'un subterfuge en alléguant une plainte datant du mois de juillet 1898, alors qu'un contribuable s'était plaint au président des commissaires qu'un de ses enfants avait eu une correction, d'ailleurs très légère au dire des témoins ;

Attendu qu'un des trois commissaires croyant consciencieusement agir, en se ralliant aux deux autres commissaires intéressés à placer une favorite, au lieu et place de Mlle Émélie Bordeleau, a dit qu'il s'était fié aux deux autres sur l'état de la plainte, qui d'ailleurs ne fut jamais déposée au bureau du secrétaire ;

Attendu que nous sommes tous fermement convaincus que la chose a été faite par pure malice et dans un but d'en placer une aux goûts des deux commissaires étrangers à l'arrondissement, et, d'autre part, nullement aux goûts des contribuables et commissaire du dit arrondissement, prions votre Excellence de voir à régler la chose au plus tôt, et nos pétitionnaires ne cesseront de prier : Alfred Naud, maire, Georges Bélanger, commissaire de l'arrondissement n° 5.

Henri St-Arnaud, Pierre Bordeleau, Narcisse St-Arnauld, David Audy, Ferdinand Huot, Jean Flemandon, Lucien Dessureau, Wilfrid Jobin, Alfred Cloutier, Joseph Bertrand, Wilfrid Thifaults, Raoul Frigon, Jean-Baptiste Tremblay, Cléophas Lebœuf, Charles Comeau, Onésime Tessier, Alfred Vandal, Desaulnier, Joseph Bordeleau fils, Amérieur Comeau, Lafontaine, Élie Bédard fils, Ludger Gervais, Jean Piché, Joseph Piché, Jalbert Jermain, Therbuce Lafontaine, Olivier Lafontaine, Joseph Sancartier et Louis Plamondon[1].

Les prières et requêtes des gens du village de Sainte-Thècle ne furent pas exaucées. La lettre du surintendant, datée du 5 mai 1899, mentionne que les commissaires sont en droit de remercier les institutrices de leurs services en suivant les formalités prescrites par la loi. Le village de Sainte-Thècle perd donc sa petite institutrice de l'école n° 5.

---

1. ANQ, Québec. Fonds=Éducation, E13. Département de l'Instruction publique. Sainte-Thècle. Le 4 mai 1899.

Chapitre 5

Le début d'un amour

Émilie est engagée comme institutrice à l'arrondissement n° 5, au rang Le Bourdais, à Saint-Tite, pour l'année 1899-1900. Ce village est situé à 60 kilomètres de Trois-Rivières, à 130 kilomètres de Québec et à 200 kilomètres de Montréal. Il compte 3 314 habitants.

Saint-Tite au temps d'Ovila.

Le village de Saint-Tite en 1900-1901.

Sa sœur Léda et son mari habitent déjà Saint-Tite. C'est probablement Léda qui informa Émilie de l'ouverture d'une nouvelle école de rang sur le terrain de monsieur Norbert Allard.

Monsieur Léo Allard se souvient avec exactitude de l'intérieur de l'école n⁰ 5 de Saint-Tite :

(…) La tribune de la maîtresse était sur le côté de la route des Pointes ; les pupitres des élèves, en face. Le poêle à bois était à côté du bureau de la maîtresse. Il y avait un escalier qui longeait le mur près de la porte arrière. Sous l'escalier, une armoire fermée servait de réserve à bois (…).

Église de Saint-Tite au temps d'Émilie. Elle fut remplacée en 1928.

(…) En haut, il y avait une espèce de grenier à moitié fini. Il y avait une table, quelques chaises et un lit. Des armoires fermaient les avances du toit. Il y avait aussi un petit poêle pour réchauffer la pièce (…).

(…) L'école demandait beaucoup de réparations et elle était bien petite, environ 24 pi x 24 pi (…)[1].

École du rang Le Bourdais à Saint-Tite. C'est à cette école qu'Émilie a fait la rencontre d'Ovila.

---

1. La Société d'histoire de Saint-Tite, *Histoire de Saint-Tite, 1833-1992*, Les Éditions du bien public, 1992.

Cette petite école du rang Le Bourdais changera la vie de la nouvelle institutrice. De sa fenêtre, elle peut voir la terre de ses voisins, les Pronovost. Émilie est loin de se douter qu'ils deviendront un jour sa belle-famille. Elle fait la classe à plusieurs membres du clan Pronovost, entre autres à Éva, à Rosée, à Oscar, à Émile et à Ovila.

Partie nord du rang Le Bourdais en 1979. La croix du milieu indique l'école et celle de gauche nous montre l'emplacement de la maison d'Ovila à l'époque.
Référence : Direction générale du patrimoine – Affaires culturelles.

Ovila... Cet élève a quelque chose de plus que les autres. Certes, sa grande beauté physique le distingue de ses camarades, mais il a aussi ce petit quelque chose de plus profond, de plus pur, cette beauté de l'âme...

Ovila n'a pas encore 18 ans, alors qu'Émilie en a déjà 20. Mais très vite, son jeune élève devient l'homme de sa vie. Elle le sait, elle l'a su dès le début. Elle le trouve tellement beau ! Émilie accorde beaucoup d'importance à la beauté physique. Pour elle, c'est un véritable coup de foudre. Quant à Ovila, il est amoureux de sa « maîtresse d'école » depuis longtemps. Depuis qu'elle est là, apprendre lui est devenu tellement agréable.

Ils se fréquentent en secret un certain temps, question de ne pas faire jaser inutilement. Les commissaires sont très exigeants quant au comportement des institutrices. Que diraient les gens du village s'ils savaient qu'elle fréquente un de ses élèves ?

Voici quelques règlements que les institutrices de l'époque devaient suivre :

Vous ne devez pas vous marier pendant la durée de votre contrat.

Vous ne devez pas être vue en compagnie d'hommes.

Vous devez être disponible, chez vous, entre 8 h du soir et 6 h du matin, à moins d'être appelée à l'extérieur par une tâche rattachée à l'école.

Vous ne devez pas flâner en ville dans les lieux publics.

Vous ne devez pas voyager à l'extérieur des limites de la ville à moins d'avoir la permission du président du conseil des commissaires.

Vous ne devez pas vous promener en voiture avec un homme à moins qu'il ne soit votre père ou votre frère.

Vous ne devez pas fumer.

Vous ne devez pas porter de couleurs vives.

Vous ne devez, en aucun cas, vous teindre les cheveux.

Vous devez porter au moins deux jupons.

Vos robes ne doivent pas être plus courtes que deux pouces au-dessus des chevilles.

Vous devez entretenir l'école, balayer le plancher au moins une fois par jour, laver et brosser le plancher au moins une fois par semaine, nettoyer les tableaux au moins une fois par jour et allumer le feu dès 7 h du matin, de façon à ce que la salle de classe soit réchauffée à 8 h.

Puis, un jour, Ovila demande la main d'Émilie. On raconte qu'elle aurait eu une façon originale de répondre à sa demande en mariage. Elle aurait acheté un coffre en cèdre au 61, rue Saint-Georges à Saint-Sévérin, où habitait sa tante Lucie (sœur de son père).

De cette façon, la nouvelle de son mariage prendrait plus de temps à se rendre à Saint-Tite et à Saint-Stanislas où tous savaient qui elle était.

Le mariage a lieu en automne. Émilie n'est pas vêtue de blanc ; sa robe de mariée est de couleur bourgogne.

Émilie dans sa robe de
mariée en 1901.

Émilie à 21 ans.

Émilie dans la vingtaine.

Ovila, de son côté, a fait confectionner son habit de noce en serge marine chez le tailleur J.U. Trudel, au 663, rue Notre-Dame à Saint-Tite . Le propriétaire de la boutique est un cousin d'Émilie.

Ovila fit fabriquer son habit de noce chez J.U. Trudel,
tailleur de Saint-Tite en 1901.

Chez les Pronovost, ce mariage est tout un honneur : un de leurs fils épouse l'institutrice de l'arrondissement ! C'est beaucoup plus que ce que pouvait espérer monsieur Pronovost. Il ne faut pas se le cacher, il a un faible pour l'enseignante de ses enfants. Depuis longtemps, il espérait secrètement qu'un de ses fils l'épouse. Enfin, son rêve se réalise !

Depuis toujours, Ovide, l'aîné d'Ovila, est amoureux d'Émilie. Mais il est atteint de tuberculose, une maladie qui ne lui laisse aucun avenir. N'eût été de son état, il lui aurait demandé sa main bien avant que son jeune frère l'ait fait...

Les fiancés font publier les bans de mariage à Saint-Stanislas, la paroisse natale d'Émilie, puis à Saint-Tite, paroisse natale d'Ovila et l'endroit où ils demeurent.

Le 9 septembre 1901, la paroisse de Saint-Stanislas brille de tous ses feux : ce jour-là, Émilie devient l'épouse d'Ovila Pronovost. Si elle ne se marie qu'à l'âge de 21 ans, c'est parce qu'elle attendait d'avoir atteint sa majorité pour épouser Ovila, ses parents s'opposant à ce mariage. Comme toute bonne mère, Célina s'inquiète pour sa fille, mais Émilie n'entend rien, elle vit une passion folle pour Ovila.

Pourquoi les parents d'Émilie s'opposent-ils à ce mariage ? Caleb a-t-il le pressentiment que ce solitaire n'est pas préparé à rendre sa fille heureuse ? Émilie est une jeune femme qui ne ressemble en rien aux autres femmes de son temps. Elle a en elle un petit quelque chose de trop moderne pour Ovila. Les parents de l'institutrice ont-ils deviné les faiblesses d'Ovila ? Caleb a-t-il remarqué chez son futur gendre ce grand besoin de liberté ?

Acte de mariage d'Alvida (Ovila) et d'Émilie.

Acte de mariage d'Émilie et d'Ovila

Le neuf Septembre, mil-neuf-cent-un, vu la publication d'un ban de mariage faite au prône de notre messe paroissiale et de celle de la paroisse de Saint-Tite vu aussi la dispense des deux autres bans accordée le six du présent mois par Monseigneur Francois Xavier Cloutier, Évêque du diocèse des Trois Rivières : entre Alvida Pronovost, cultivateur, fils mineur de Dosithé Pronovost, cultivateur et de Félicité Bédard, de la paroisse de Saint-Tite d'une part ; et Emélie Bordeleau, fille majeure de Caleb Bordeleau, cultivateur et de Célina Dessureau, de cette paroisse d'autre part ne s'étant découvert aucun empêchement au dit mariage, vu aussi le consentement des parents, comme il appert par le certificat du Révérend Jean-Baptiste Grenier curé de la paroisse de Saint-Tite en date du huit de ce mois, Rév. Curé de cette paroisse, soussigné, avons reçu leur mutuel consentement de mariage et leur avons donné la bénédiction nuptiale en présence de Dosithé Pronovost, père de l'époux et de Caleb Bordeleau, père de la mariée, lesquels, ainsi que les époux et quelques autres qui signe avec nous. Lecture faite.

Émilie Bordeleau, Alvida Pronovost, Dosithée Pronovost, Odile Bordeleau, Caleb Bordeleau, Joseph Veillette, Félicité Bédard, Ferdinand Dessureau, Rosée Pronovost, Edwidge Bordeleau, Année Bordeleau, Ovide Pronovost, Théop. Joyal, Curé.

Les nouveaux mariés font leur voyage de noces au lac Perchaude sur un terrain appartenant à Dosithé Pronovost et sur lequel Ovila a construit un camp de bois rond. Le chalet étant situé à l'entrée du lac, sur une presqu'île, Émilie et Ovila doivent traverser la rivière en chaloupe pour s'y rendre. À cette époque, ils sont les seuls à posséder un chalet au lac. Après leur mariage, ils s'établissent dans l'ancienne maison paternelle des Pronovost, toujours dans le rang Le Bourdais. Les parents d'Ovila, Dosithé et Félicité, s'installent donc dans une nouvelle maison, construite par Ovila et ses frères.

Le lac Perchaude vers 1893.
Référence : Archives nationales du Québec à Québec.
Fonds Fred C. Wuterle-négatif n° f-81.

Le lac Perchaude aujourd'hui.

Émilie quitte alors l'enseignement pour s'occuper de sa maison. Elle espère y voir bientôt de nombreux enfants.

La première douleur qu'Émilie partage avec Ovila survient le 3 mars 1902. Victime d'une crise d'épilepsie, le grand frère d'Ovila, Lazare, meurt à l'âge de 22 ans. Heureusement, Émilie porte l'espoir de vie de la famille... Depuis six mois, un enfant grandit en elle. Il sera le premier de cette nouvelle famille Pronovost.

Chapitre 6

Son rôle de mère

Le premier accouchement d'Émilie fut très éprouvant, comme le seront par ailleurs tous ses accouchements. Le 9 juin, neuf mois jour pour jour après son mariage, elle commence à sentir les premières douleurs de l'enfantement. Elle souffre terriblement pendant trois jours. Le 11 juin 1902, sa fille Rose voit enfin le jour.

Acte de baptême de Rose.

Acte de baptême de Rose Alma Pronovost

Le onze juin mil neuf-cent-deux Nous, Prêtre soussigné, avons baptisé Marie, Rose, Alma née, ce jour, du légitime mariage de Alvida Prenovost Cultivateur et de Émilie Bordeleau de cette paroisse.

Parrain : Dosithée Pronovost, grand-père de l'enfant, Cultivateur.
Marraine : Félicité Bédard grand-mère de l'enfant, qui, ainsi que le
père, signent avec Nous ; lecture faite.

Félicité Bédard   *Alvida Pronovost*
Dosithée Pronovost   *J.M.A. Béliveau Ptre*

Ovila, qui ne cultive pas la terre, doit partir travailler plusieurs mois sur les chantiers. Il trime dur pour nourrir sa famille, car sa femme est de nouveau enceinte. Émilie commence donc sa vie d'épouse dans l'attente. Elle devra s'y faire, car ce n'est que le commencement d'une vie d'espoirs déçus et de longs mois d'attente. Malgré ses absences prolongées, Ovila est toujours présent au baptême de chacun de ses enfants. Cela laisse donc supposer qu'il est aux côtés d'Émilie lors de ses accouchements. Émilie accouche d'une deuxième fille, Marie-Ange, le 22 septembre 1904.

Acte de baptême de Marie-Ange.

Acte de baptême de Marie-Ange Pronovost

Le vingt-six Septembre mil neuf-cent quatre Nous, Prêtre soussigné, avons baptisé Marie, Ange née, le vingt-deux courant du légitime mariage de Alvida Prenevost Cultivateur et de Émilie Bordeleau de cette paroisse. *Parrain : Joseph Prenevost grand oncle de l'enfant, Cultivateur, qui a déclaré ne savoir signer. Marraine : Célina Dessureault, grand-mère de l'enfant, qui, ainsi que le père, signent avec Nous.*

> *Célina Dessureau*
> *Alvida Pronovost*
> *J.M.A. Béliveau Ptre*

Un jour, Émilie apprend une terrible nouvelle concernant Rose, son aînée : en raison de son accouchement difficile, Rose a manqué d'oxygène à la naissance. Elle sera donc « un peu plus lente que les autres » pour le reste de ses jours. Émilie se remet tant bien que mal de l'annonce du handicap de sa fille aînée. Elle travaille d'arrache-pied pour lui donner une vie normale. Elle lui apprend à lire et à compter. Rose a besoin de plus de temps que les autres pour apprendre, mais elle est très intelligente. « Un jour, Rose sera comme les autres », se dit Émilie, et elle tiendra promesse.

Le 7 octobre 1905, Émilie met au monde une troisième fille, Louisa. L'accouchement est extrêmement pénible ; Louisa est ondoyée[1] à domicile le 8 octobre. Cet événement laisse supposer la fragilité de la petite fille et ce, dès sa naissance.

Acte de baptême de Louisa.

---

1. Baptisée d'urgence sans les prières et les rites habituels.

Acte de baptême de Blanche Louisa Pronovost

Le huit Octobre mil neuf-cent cinq Nous, Prêtre soussigné, avons supplée les cérémonies du baptême à Marie, Blanche, Louisa ondoyée à domicile par N. Auger M.D. née, la veille, du légitime mariage de Alvida Prenevost, Journalier et de Emélie Bordeleau de cette paroisse. Parrain : Amédée Dupuis, Cultivateur et oncle de l'enfant ; marraine Léda Bordeleau, tante de l'enfant, qui, ainsi que le père, signent avec Nous.

Léda Bordeleau   Alvida Pronovost
Amédé Dupuis   J.M.A. Béliveau Ptre

Malgré les craintes d'Émilie, Louisa grandit en beauté jusqu'à l'arrivée de la grande Faucheuse, le 29 mars 1906. C'est un moment très pénible pour Émilie. Elle ne s'en remettra jamais complètement.

Des membres de la famille prétendent, contrairement à ce qui a été véhiculé, que ce n'est pas Ovila qui a trouvé Louisa morte dans son berceau. Ce dernier était dans le bois, semble-t-il, au moment du décès de sa fille. On dit qu'Émilie, enceinte de 3 mois, fit la macabre découverte.

L'acte de décès de Louisa n'éclaircit pas la question, puisqu'il mentionne que le père de l'enfant, Alvida Pronovost, présent à l'inhumation, a déclaré ne savoir signer. Or, on sait pertinemment qu'Ovila n'était pas analphabète. Les nombreux documents qu'il a signés avant le décès de sa fille le prouvent. Ovila était-il présent lors du décès de Louisa ? Est-ce lui qui a découvert le corps sans vie ? Ou Émilie ? Le mystère demeure entier...

Acte de décès de Louisa.

Acte de décès de Blanche Louisa Pronovost

Le trente-un Mars dix-neuf-cent-six Nous, Prêtre, soussigné avons inhumé dans le cimetière de cette paroisse le corps de Louisa décédée l'avant-veille à l'âge de cinq mois, enfant légitime de Alvida Pronovost, Journalier et de Emélie Bordeleau de cette paroisse. Présents : Alvida Pronovost et Napoléon Vadeboncœur qui ne savent signer.

JB Grenier Ptre

Pour Émilie, il n'y a rien de plus pénible que la mort d'un enfant. Pour se consoler, elle pense à celui qui dort déjà en elle. Dans quelques mois, elle donnera la vie à son quatrième enfant.

Son premier garçon, Émilien, voit le jour le 5 septembre 1906. Cela soulage un peu sa peine sans pour autant faire disparaître la souffrance de cette mère en deuil. La naissance de son fils l'aide néanmoins à passer plus facilement à travers cette épreuve.

Acte de baptême d'Émilien.

Acte de baptême d'Émilien Léo Pronovost

Le six Septembre dix-neuf cent-six Nous, Prêtre, soussigné avons baptisé Joseph, Émilien Léo né la veille du légitime mariage de Alvida Pronovost, Journalier, et de Emélie Bordeleau de cette paroisse. Parrain : Émile Pronovost ; marraine : Éva Pronovost lesquels, ainsi que le père, signent avec Nous.

Éva Pronovost	*Alvida Pronovost*
Émile Pronovost	*JB Grenier Ptre*

Les mois passent et Ovila est plus souvent aux chantiers de bûcherons qu'auprès d'Émilie. Il déteste la terre et le travail de cultivateur. Pourtant, Émilie a de plus en plus besoin de son mari.

Ovila a très peur des responsabilités. À mesure qu'elles grandissent, il s'éloigne. Ses passages à l'hôtel Grand Nord de Saint-Tite sont passés à la légende. Il a un faible pour la boisson, ce qui n'est plus un secret pour personne.

L'hôtel Grand Nord de Saint-Tite. Ovila allait souvent y prendre un verre. Par la suite, l'hôtel s'est appelé hôtel Dessureault.

Émilie, de son côté, a la boisson en horreur. À Saint-Tite, plusieurs personnes lui reprochent sa dureté. Lorsque Ovila revient ivre à la maison, elle refuse de le laisser entrer. La boisson est devenue son ennemie. À cause d'elle, son mari manque à ses devoirs d'époux et de père de famille. Dans ce cas, comment pourrait-elle accepter que son mari s'offre quelques verres d'alcool, aussi petits soient-ils ?

Quelques mois plus tard, Émilie est de nouveau enceinte. Elle a le soutien de sa sœur Léda, qui habite tout près, à Saint-Tite, et qui porte aussi un bébé. Elles doivent accoucher toutes les deux le même mois. Drôle de coïncidence, la sœur d'Émilie était la marraine de sa petite Louisa, décédée deux ans auparavant.

Au début du mois de février, Léda donne naissance à son bébé, mais elle meurt en couches. Le 6 février 1908, Émilie, qui doit accoucher à son tour d'une semaine à l'autre, enterre sa sœur. Elle est secouée jusqu'au tréfonds de ses entrailles. La mort de Léda lui laisse un goût d'amertume. Les deux filles de Caleb Bordeleau ont porté la vie ensemble. Mais une des deux l'a perdue...

Bouleversée, Émilie donne naissance à cette célèbre Blanche... qui ne voit pas le jour dans la neige, comme le veut la légende, mais dans un lit. Blanche naît le 27 février 1908. Elle porte le prénom de Blanche en mémoire de sa défunte sœur, Blanche Louisa.

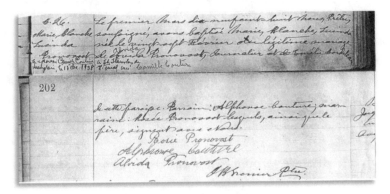

Acte de baptême de Blanche.

Acte de baptême de Blanche Lucinda Pronovost

Le premier Mars dix-neuf-cent-huit Nous, Prêtre, soussigné, avons baptisé Marie, Blanche, Lucinda née le vingt-sept février du légitime mariage de Alvida Pronovost, Journalier et de Emélie Bordeleau de cette paroisse. Parrain : Alphonse Couture ; marraine : Rosée Pronovost lesquels, ainsi que le père, signent avec Nous.

<table>
<tr><td>Rosée Pronovost</td><td>Alvida Pronovost</td></tr>
<tr><td>Alphonse Couture</td><td>J.B. Grenier Ptre</td></tr>
</table>

Émilie, qui vient de vivre une année très difficile, se retrouve de plus en plus seule avec ses peines. N'ayant presque pas de contact avec sa propre famille, l'absence d'Ovila lui pèse.

Quelques mois à peine après la naissance de Blanche, Émilie apprend qu'elle est de nouveau enceinte. Son rêve d'avoir une famille nombreuse est en voie de se réaliser. Le 1er novembre 1909, elle donne naissance à un garçon. Ce sixième enfant, fragile, appelé Paul-Ovide, causera beaucoup d'inquiétudes à Émilie.

Acte de baptême de Paul-Ovide.

Acte de baptême de Paul-Ovide Pronovost

Le premier Novembre mil neuf cent neuf Nous Prêtre soussigné avons baptisé Joseph Paul Ovide, né ce jour du légitime mariage de Alvida Pronovost, Journalier, et de Emélie Bordeleau, de cette paroisse. Parrain : Ovide Pronovost ; marraine : Antoinette Périgny qui ainsi que le père signent avec Nous.

Antoinette Périgny	*Alvida Pronovost*
Ovide Pronovost	*Joseph Grenier Ptre Vic*

Malgré les hauts et les bas de leur vie de couple, Émilie et Ovila, lorsque ce dernier est présent, forment une des plus belles unions de Saint-Tite. Ils vivent véritablement une folle passion. La naissance d'un septième enfant prouve que l'amour existe encore entre eux. Le 25 février 1911, Clément vient au monde.

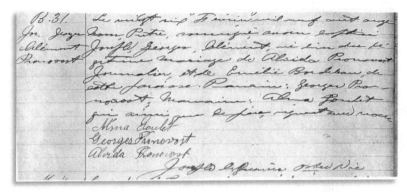

Acte de baptême de Clément.

Acte de baptême de Georges Clément Pronovost

Le vingt-six Février mil neuf cent onze Nous, Prêtre, soussigné, avons baptisé Joseph, Georges, Clément, né hier du légitime mariage de Alvida Pronovost Journalier, et de Emélie Bordeleau, de cette paroisse. Parrain : Georges Pronovost ; marraine : Alma Goulet qui ainsi que le père signent avec Nous.

Alma Goulet   *Alvida Pronovost*

Georges Pronovost   *Joseph Grenier Ptre Vic*

Malgré les longs mois de séparation d'avec son mari, Émilie reste aveuglée par l'amour qu'elle lui porte et ne peut s'empêcher d'attendre impatiemment son retour. Maintenant que sa fille Rose a 10 ans, elle n'est plus seule à la maison. Rose lui apporte un important soutien moral et physique et s'occupe de ses jeunes frères et sœurs.

Le 30 mai 1912, c'est au tour de Jeanne de venir s'ajouter à cette famille déjà si nombreuse.

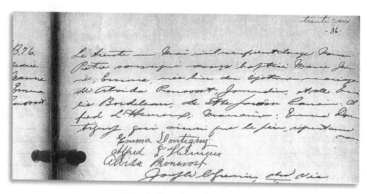

Acte de baptême de Jeanne.

Acte de baptême de Jeanne Emma Pronovost

Le trente un Mai mil neuf cent douze Nous Prêtre soussigné avons baptisé Marie Jeanne, Emma, née hier du légitime mariage de Alvida Pronovost, Journalier et de Émilie Bordeleau, de cette paroisse. Parrain : Alfred L'Heureux ; Marraine : Emma Dontigny qui ainsi que le père, signent avec Nous.

Emma Dontigny *Alvida Pronovost*
Alfred L'Heureux *Joseph Grenier Ptre Vic*

Chapitre 7

La mort de Dosithée

Le 19 juin 1913, Dosithé Pronovost décède. C'est une grande perte, tant pour Émilie que pour Ovila. Certes, ce dernier perd l'homme qui lui a donné la vie, mais Émilie, elle, a l'impression de perdre son protecteur. Elle a toujours eu une relation exceptionnelle avec son beau-père. Dosithé voulait aider Émilie parce qu'il se sentait coupable du mal que lui faisait Ovila. Il regrettait de n'avoir pas su inculquer à son fils les valeurs qui font un père de famille responsable.

Rolande, la fille d'Émilie et d'Ovila, affirme avoir fréquemment entendu parler d'une terre située au lac Perchaude ayant appartenu à Dosithé et qui aurait été laissée à Émilie à la suite de son décès. Son beau-père lui aurait laissé cette terre en héritage, au lieu de l'offrir à son fils Ovila. Il aurait fait ce geste pour protéger Émilie et pour ouvrir les yeux à son fils, qui ne se comportait pas toujours de façon correcte avec son épouse.

Toutefois, le testament ci-après est bien celui qui a été lu à la mort de Dosithé. Or, le 5 mars 1897, au moment de la rédaction de ce testament, Dosithé ne connaissait pas encore Émilie.

Peut-être a-t-il pris par la suite des arrangements avec son épouse, sa seule héritière, pour qu'Émilie hérite de cette terre ? Après le décès de son mari, Félicité Bédard fait donation de ses terres à leur fils Émile.

Testament de Dosithé Pronovost[1]

PAR DEVANT MOI WILBROD MOUSSETTE, Notaire Public, pour la Province de Québec, soussigné, résidant en la paroisse de St-Tite et en la présence actuelle de deux témoins ci-après nommés et soussignés.

COMPARUT: Le Sieur Dosithé Pronovost, cultivateur demeurant en la dite paroisse de St-Tite,

LEQUEL étant en bonne santé, sain d'esprit de mémoire de jugement et d'entendement ainsi qu'il nous est apparu à nous dit Notaire et témoins soussignés, par ses discours ses gestes et son maintien, mais considérant la certitude la mort et l'incertitude de son heure et craignant d'en être prévenu avant que d'avoir fait connaître ses intentions et dernières volontés a requis nous dit notaire de recevoir son présent testament en présence des dits témoins et de la manière suivante:

PREMIÈREMENT le dit testateur comme Chrétien, catholique et romain a recommandé son âme à Dieu son Créateur suppliant sa divine bonté de lui faire miséricorde de lui pardonner ses péchés et de l'admettre au nombre des élus;

SECONDEMENT: le dit testateur donne et lègue à Dame Félicité Bédard, son épouse, demeurant avec lui, tous les biens meubles, propres acquêts et conquêts immeubles qui composeront sa succession au jour et heure de son décès en quoi qu'il puissent consister et en quelques lieux et endroits qu'ils seront situés, assis ou dûs, voulant et consentant que la dite légataire en jouisse, fasse et dispose en toute et pleine propriété à compter du jour du décès du dit testateur et à perpétuité, le dit testateur instituant à cette fin la dite dame son épouse sa héritière et légataire universelle.

Et pour exécuter et accomplir son présent testament le dit testateur a nommé et nomme la personne de la dite Dame son épouse entre les mains de laquelle il se démet et dessaisi de tous ses dits biens suivant la coutume révoquant tous autres testament ou codicilles qu'il aurait pu faire avant le présent

auquel seul il s'arrête comme contenant renfermant et exprimant son expresse, entière et dernière volonté.

Ce fut ainsi fait, dicté et nommé par le dit testateur au dit notaire, en la paroisse de St-Tite, sous le numéro deux mille cent quatre-vingt-dix-sept, l'an mil huit cent quatre-vingt-dix le cinq mars et en la présence actuelle des sieurs Narcisse Marchand, commerçant, et Urbain Marchand, menuisier, demeurant en la dite paroisse de St-Tite, témoins ici présents et pour ce appelés et le dit testateur a signé avec nous dit notaire après que son présent testament lui a eu été lu il a déclaré ne savoir écrire ni signer de ce requis, il a déclaré le bien entendre comprendre et y a persisté les dits témoins ont signé avec nous dit notaire, après lecture faite.

(Signé)   Dosithé Pronovost
        Narcisse Marchand
        Urbain Marchand
        W. Moussette, N.P.

CERTIFIÉE pour vraie copie de la minute de l'acte ci-dessus, trouvée en l'étude de Mtre W. Moussette, Notaire décédé, déposée dans les archives du District des Trois-Rivières, de la Cour Supérieure de la Province de Québec, collationnée et vidimée, la dite copie, par nous soussigné Protonotaire de la dite Cour.

BUREAU DU PROTONOTAIRE, Trois-Rivières, ce quatorzième jour d'août mil neuf cent treize.

PROTONOTAIRE C.S.
District des Trois-Rivières.

---

1. Testament de Dosithé Pronovost. Notaire W. Moussette. Le 5 mars 1890.

Voici ce que possédait Dosithé[1] :

(…) une terre contenant environ trois arpents de largeur, sur trente arpents de profondeur, avec une maison et autres bâtisses dessus construites, circonstances et dépendances. Une deuxième terre contenant deux arpents de largeur, sur vingt-quatre arpents de profondeur avec une maison et autres bâtisses dessus construites, circonstances et dépendances. Une troisième terre contenant un arpent et demi de largeur sur trente arpents de profondeur, avec une maison et autres bâtisses dessus construites, circonstances et dépendances.

Un terrain contenant trois arpents de largeur sur six arpents de profondeur au lac Perchaude, avec une cabane à sucre dessus construite, circonstances et dépendances.

Ses animaux, voiture et tout ce qui fait partie de sondit roulant.

Un ménage, des meubles meublants, lingerie et batterie de cuisine.

Le 18 octobre 1914, Émilie donne naissance à un autre enfant : Alice. Même si elle a la certitude de porter deux bébés tant elle souffre, seule une petite fille voit le jour.

Acte de baptême d'Alice.

---

1. Donation de terre de Félicité Bédard à Émile Pronovost. Notaire E.S. de Carufel. Le 19 septembre 1913.

Acte de baptême d'Alice Antoinette Pronovost

Le dix-neuf Octobre mil neuf cent quatorze Nous, Prêtre, soussigné avons baptisé Marie Alice Antoinette, née la veille du légitime mariage de Alvida Pronovost, Journalier, et de Emélie Bordeleau, de cette paroisse. Parrain : Martial Massicotte ; Marraine : Georgina Marchand, qui, ainsi que le père, signent avec Nous.

Georgina Marchand   Alvida Pronovost
Martial Massicotte   Joseph Grenier Ptre Vic

Émilie et Ovila aimeraient bien qu'Alice soit leur dernier enfant. Émilie, qui est âgée de 35 ans, a déjà donné naissance à neuf enfants et en élève huit. Elle redoute un autre accouchement. Le souvenir du décès de sa sœur Léda et de ses propres accouchements, si pénibles, lui enlève le goût de donner la vie de nouveau. Selon elle, sa famille est maintenant complète avec cinq filles et trois garçons.

Puis, c'est au tour d'Émilie de devenir orpheline de père. Caleb meurt durant son sommeil le 10 janvier 1915. Elle commence à peine à se remettre de cette douleur lorsque son jeune beau-frère Télesphore meurt à l'âge de 23 ans d'une maladie des poumons. Nous sommes le 13 mai 1915.

Télesphore est enterré dans un cercueil unique. En effet, le jeune homme, qui était bijoutier, avait demandé à ses frères Ovila et Edmond de lui fabriquer un meuble de travail. À son décès, on transforme le meuble non terminé en cercueil. Ovila fut très bouleversé par le départ prématuré de son jeune frère.

Chapitre 8

Le déménagement

Après avoir vécu 15 ans dans le rang Le Bourdais, Émilie, Ovila et leurs enfants déménagent à Shawinigan, Ovila ayant trouvé du travail à la compagnie Belgo Canadian Pulp & Paper. Émilie quitte donc Saint-Tite la larme à l'œil.

À Shawinigan, la famille habite un grand logement à l'étage d'une maison. Ce logis est un petit château pour les Pronovost : ils ont l'eau courante, l'eau chaude et même l'électricité ! Mais Émilie est malheureuse en ville. C'est une femme de la campagne...

Un de leurs neveux, Roland Pronovost, se souvient de ce déménagement :

L'intérieur de la maison de ma tante et mon oncle était très simple. C'est moi qui ai démoli leur maison de Saint-Tite quand ils sont partis pour Shawinigan. C'était une maison assez bien bâtie. Elle était située à trois quarts de mille de la maison de Dosithé. Je me souviens de tout. Il y a deux ans, j'ai montré l'emplacement de l'ancien puits d'Émilie et d'Ovila et en creusant il était encore là.

Roland Pronovost, neveu d'Ovila, en compagnie de Nathalie Jean.

Je sais que ma tante n'aimait pas tellement habiter à Shawinigan. Il faut dire que mon oncle partait et revenait parfois seulement au bout de deux jours. J'en ai largement entendu parler...

Émilie se sent de plus en plus seule. Elle n'a pas de liens très soudés avec ses frères et sœurs. En fait, elle les connaît à peine.

De longs mois de peine et de tristesse s'installent de nouveau dans le cœur d'Émilie. Elle doit se l'avouer : son Ovila n'est pas un homme ; c'est un enfant dans un corps d'homme. Mais, malgré les nombreux départs de son conjoint, Émilie ne peut s'empêcher de l'aimer.

En 1917, alors qu'elle pensait qu'Alice serait son dernier enfant, elle a la surprise d'apprendre qu'elle et Ovila ont une fois de plus conçu un bébé.

Le 31 août de cette année-là, à 16 h, Émilie, enceinte de cinq mois, ouvre la porte à un huissier. Ovila reçoit une sommation à comparaître en cour pour un compte impayé chez un commerçant. Même si Rolande est décédée aujourd'hui et qu'il est difficile d'étayer mon raisonnement, je pense qu'Émilie, Ovila et leurs enfants vivaient dans la plus grande misère en ce mois d'août 1917. Leur compte d'épicerie tend à le prouver. Il ne faut pas oublier qu'Ovila achetait des provisions pour nourrir une famille de onze personnes.

Ovila ne se présente pas en cour et il est condamné. Que s'est-il passé ? Ovila avait-il perdu son emploi à la Belgo ? Est-ce que cet événement a quelque chose à voir avec leur départ de Shawinigan ? Connaissant les valeurs d'Émilie, je pense que cette dette est la goutte d'eau qui a fait déborder le vase.

Compte d'épicerie d'Ovila.

Voici la retranscription du document qu'Émilie a reçu.

J.N. Vadeboncœur, boulanger de la ville de St-Tite
Demandeur
Ovila Pronovost, journalier de la ville de Shawinigan Falls
Défendeur

La Cour vu le défaut du défendeur de comparaître et la preuve faite condamne le dit défendeur à payer au demandeur la somme de quatorze piastres et trente-six centimes avec intérêt depuis le trente et unième jour de Août mil neuf cent dix-sept et les dépens distraits à Maître Paul Martel, procureur du demandeur.

À l'aube de ses 38 ans, Émilie donne naissance à son dixième enfant, Rolande. Ce beau bébé sera la consolation de sa mère, puisque quelques mois après sa naissance, son père partira... pour ne plus jamais revenir.

On dit que le premier bébé prépare le chemin pour les autres. Le dixième accouchement d'Émilie fait mentir cette croyance populaire puisqu'elle restera 36 heures dans les douleurs avant de donner naissance à son dernier enfant, le 6 décembre.

Acte de baptême de Rolande.

Acte de baptême de Rolande

Le six décembre mil neuf' cent dix-sept nous prêtre-vicaire soussigné, avons baptisé Marie-Rolande-Laurette, née ce jour, fille légitime de Ovila Pronovost et de Émélie Bordeleau de cette paroisse. Parrain : Émilien Pronovost ; Marraine : Rose-Alma Pronovost soussignés avec le père.

Émilien Pronovost   *Ovila Pronovost*
Rose-Alma Pronovost *Eug. Villeneuve, ptre, vic,*

Chez Émilie et Ovila, l'argent se fait de plus en plus rare. Souvent, Ovila disparaît des jours sans donner de nouvelles. Émilie doit donc trouver une solution pour que sa progéniture ne manque de rien. Elle fabrique alors des manteaux pour ses enfants avec les couvertures « non récupérables » jetées à l'eau par la compagnie Belgo. Émilie en récupérera assez pour chacun de ses enfants.

D'après ce que raconte la cadette de la famille, ces manteaux étaient d'une telle beauté et d'une telle élégance qu'on en oubliait leur provenance. Émilie avait même cousu de beaux collets de fourrure avec ses doigts de fée. Les enfants, qui avaient craint que les gens de Shawinigan ne reconnaissent les couvertures de la Belgo, étaient très fiers de se promener dans leurs beaux manteaux. Mais malgré leur beauté, ces manteaux étaient très lourds et ne tenaient pas vraiment au chaud.

Quelques mois à peine après la naissance de Rolande, Ovila décide de s'installer à Barraute, en Abitibi. Il espère cultiver des terres et y faire venir sa famille. À cette époque, pour seulement trois dollars, on pouvait acheter un lot de terre en Abitibi.

Mais cette idée est loin de plaire à Émilie. Elle n'a plus confiance en son mari, qui disparaît pendant des jours et qui ne rapporte pas toujours l'argent nécessaire pour nourrir sa famille. Ovila est alcoolique, et il dilapide tout l'argent gagné à l'hôtel ou chez les Indiens. Émilie tente en vain de lui faire comprendre que s'il n'a pas été capable de cultiver une terre dans son village natal, il ne le sera pas plus en Abitibi. Elle sait qu'Ovila a choisi de vivre à Barraute pour combler son besoin de liberté. Pour elle, Barraute, c'est le « fond des bois ».

Les problèmes d'Ovila s'aggravent. Il est sans travail, il n'a pas d'argent et il doit maintenant faire face à la loi. Fidèle à lui-même, Ovila fuit ses responsabilités, en Abitibi cette fois...

Gare de Shawinigan ; c'est à cet endroit qu'Émilie et Ovila se sont séparés en 1918.

Chapitre 9

Une nouvelle vie

La famille Pronovost quitte Shawinigan. Ovila prend le train pour Barraute tandis qu'Émilie et ses enfants retournent vivre à Saint-Tite, le seul endroit au monde où ils sont heureux. Selon Émilie, son mari comprendra que sa famille ne peut aller le rejoindre en Abitibi ; elle veut se convaincre qu'il reviendra.

Avec 1 200 $ en poche pour débuter une nouvelle vie, Émilie s'installe dans une petite maison située en face de la gare, celle qu'elle habitait avec Ovila ayant été démolie.

La maison qu'habitait Émilie à la suite de sa séparation d'avec Ovila était située en face de la gare de Saint-Tite.

Longtemps, Émilie espérera le retour d'Ovila, même si c'est elle qui a pris la décision de ne pas le suivre en Abitibi. Elle ne peut s'imaginer aller vivre dans un village où il n'y a pas d'école pour ses enfants et où elle serait seule, accablée d'attendre son époux disparu encore une fois on ne sait où.

Toutefois, au fil des jours, son mal de lui devient de plus en plus grand. Dans les premiers mois, Ovila écrit à sa femme et à ses enfants, les suppliant de venir le rejoindre en Abitibi. Il est propriétaire des lots 15 et 16 du canton de Barraute et leur envoie de l'argent régulièrement. Devant les refus répétés d'Émilie, ses lettres se raréfient, jusqu'à ce qu'il n'écrive plus...

L'opinion des gens diffère quant à la séparation d'Émilie et d'Ovila. Certains parlent d'un manque de responsabilité de la part d'Ovila tandis que d'autres accusent Émilie d'avoir été trop dure à son égard.

Le temps a passé. Depuis plusieurs mois, Émilie est sans nouvelles d'Ovila et sans ressources financières. Le curé Grenier de Saint-Tite lui conseille alors de ne plus attendre son mari et d'agir sans tarder : il propose de lui trouver un poste d'enseignante. Ce n'est pas dans les habitudes des commissaires d'engager une femme mariée, encore moins une mère de famille, mais puisque le curé le demande... Ce cher curé Grenier ! Il est comme un deuxième père pour Émilie. Il veille sur sa famille, l'aide et l'appuie dans son combat quotidien.

Le curé Jean-Baptiste Grenier, un deuxième père pour Émilie.

Émilie doit travailler pour que ses enfants puissent manger. Situation ô combien scandaleuse pour l'époque ! Une femme qui ne suit pas son mari, ça ne se fait pas ! Une femme mariée et mère de famille qui travaille hors du foyer, c'est de la folie. Le plus difficile pour Émilie est sans doute de devoir séparer ses enfants pour pouvoir enseigner et habiter dans une maison-école.

Elle place donc plusieurs de ses enfants chez des membres de la famille. Sa fille Blanche est acceptée au couvent sous le statut d'orpheline[1].

Le collège des frères de Saint-Gabriel à Saint-Tite. Certains des fils d'Émilie y ont étudié. Par la suite, la compagnie J.A. Goulet, célèbre pour ses bottes western dans toute l'Amérique de Nord, s'est installée dans l'ancien collège.

Il lui faut une dose de courage incroyable pour accepter que ses filles aînées, Rose et Marie-Ange, travaillent à l'usine pour l'aider à remplir le garde-manger et que ses plus jeunes filles se retrouvent tour à tour au couvent sous le statut d'orphelines.

Dans son cœur, elle n'est pas veuve et ses enfants ne sont pas des orphelins. Elle reprend sa carrière d'enseignante simplement pour que ceux-ci soient convenablement logés, vêtus et instruits.

Contrairement à beaucoup de femmes qui se seraient retrouvées à la rue en pareilles circonstances, Émilie, elle, a un don : elle sait enseigner. Elle peut donc se servir de son métier pour nourrir ses enfants. À l'époque, bien des gens la critiquent toutefois : si elle ne travaillait pas, disent-ils, elle pourrait garder ses enfants avec elle. Mais surtout, elle aurait dû partir en Abitibi avec son époux, car la place de la femme est au foyer à côté de ses enfants et de son mari !

---

1. Les personnes qui avaient le statut d'orphelines devaient travailler et faire le ménage pour payer leur pension au couvent.

En 1991, Émilien Pronovost, fils d'Émilie et d'Ovila, admettra : *Mon père et ma mère étaient passionnés l'un de l'autre, mais ne se comprenaient pas*[1].

De fait, Émilie et Ovila s'aiment très mal. Ovila, qui n'est pas un homme méchant, souffre terriblement de voir qu'il est incapable de rendre sa femme heureuse. Quant à Émilie, elle ressent de plus en plus le besoin de contrôler la destinée de sa famille face à ce mari très faible.

Maintenant, elle doit vivre sans lui. Les plus jeunes de ses enfants habitent avec elle : Émilien, 13 ans ; Paul, 8 ans ; Jeanne, 7 ans ; Alice, 5 ans ; Rolande, 2 ans.

Elle doit aussi s'habituer aux regards remplis de sous-entendus et aux chuchotements des voisins. Lorsque des gens trop curieux posent des questions indiscrètes aux enfants, Émilie leur répond tout simplement : *Dites-leur de venir le demander à votre mère.*

De temps en temps, Ovila revient voir Émilie, mais il ne reste que quelques jours, puis repart.

Adola Jacob, un ancien élève d'Émilie, se souvient :

Ovila a déjà dormi chez nous. Émilie était mon institutrice dans ce temps-là. Son mari venait la visiter, mais comme il avait beaucoup bu, Émilie refusait de le laisser entrer. Il devait donc dormir chez nous. C'était un homme qui ne parlait pas beaucoup.

Les heures qu'Ovila passe à l'hôtel n'aident pas sa cause auprès d'Émilie. Il n'est pas suffisamment responsable pour qu'elle lui donne une autre chance et Ovila sort donc définitivement de sa vie.

En 1919, Émilie reçoit un salaire annuel de 200 $ plus 10 $ pour le ménage et l'allumage du poêle[2]. Elle enseigne alors à l'école du haut du lac, toujours à Saint-Tite. Elle fait la classe aux enfants alors que Rolande, son bébé, joue à ses côtés.

---

1. Magazine *7 jours*. Vol. 2, n° 34. Le 6 juillet 1991.

2. Procès-verbaux de la Commission scolaire de Normandie. Saint-Tite, 1919.

De cette époque, Rolande se souvient des beaux moments passés avec sa mère alors qu'ils habitaient dans la maison-école. Elle avait environ trois ans et elle admirait sa mère qu'elle voyait enseigner. Elle raconte que sa mère lui laissait toujours une collation et une boisson sur le coin de la table au cas où elle aurait faim dans l'après-midi.

Malgré le départ d'Ovila, Émilie reste toujours très près de la famille Pronovost, particulièrement de son beau-frère Ovide qui, semble-t-il, l'a toujours aimée secrètement. Il veille sur sa belle-sœur de même que sur ses neveux et nièces. Avec Ovide tout près, Émilie est beaucoup moins inquiète. Et il ne faut pas oublier son beau-frère Émile et son épouse Héléna, qui lui offrent de la nourriture presque chaque semaine.

Madame Jean-Marie Langlois, une élève d'Émilie, témoigne :

Dans mes souvenirs, elle portait souvent une robe longue qui traînait par terre. Je sais qu'elle montait souvent à l'étage. Je me souviens que dans ma petite tête d'enfant, elle était très mauvaise. Un jour, mon frère et son petit copain Saül ont été en retenue. Le temps qu'Émilie monte à l'étage pour faire je ne sais quoi, ils ont caché sa règle. Lorsque la neige a fondu au printemps, elle a retrouvé sa règle qui flottait. Elle n'était pas très contente. Sa règle faisait peur aux jeunes. J'en ai moi-même reçu un coup un jour.

Madame Jean-Marie Langlois,
ancienne élève d'Émilie.

Vous savez, ma belle-sœur, Laurette Dontigny, l'a déjà remplacée lorsqu'elle est partie rejoindre son mari en Abitibi...

Je me souviens que parfois l'hiver on apportait notre dîner et on se réchauffait près de la fournaise. Je garde d'Émilie le souvenir d'une institutrice sévère, mais d'une très bonne enseignante.

Monsieur Paul Hardy, de Saint-Tite, se souvient avec tendresse d'Émilie qui enseignait tout près de chez lui :

C'était une femme courageuse, elle venait faire un tour à la maison après sa classe. Ma mère était une femme très occupée, elle avait un fardeau assez lourd. Elle n'avait donc pas le temps de s'asseoir et de tricoter. Madame Pronovost (Émilie) arrivait avec son tricotage. Mon grand-père disait à ma mère : « Prépare-toi Mélanie, Mélie (Émilie) arrive avec sa tralée (faisant allusion à ses nombreux enfants). »

Dans mes souvenirs, Rolande, la cadette, avait souvent le rhume. Mon grand-père était un peu sourd et il parlait fort, pensant que personne ne l'entendait. Il disait à ma mère lors de l'arrivée de Rolande : « Prépare tes mouchoirs. »

Maman était bonne cuisinière et ce n'était pas dans nos habitudes de manger avant les repas, mais lors du passage d'Émilie, c'était spécial. Madame Pronovost disait : « Ah ! Ça sent donc bon, Mélanie. » Parfois, madame Pronovost partait un peu tard et ma mère commençait son souper en retard.

Papa était commissaire d'école. Il disait : « Ça n'a pas de bon sens, on peut pas la loger dans le haut de cette maison-là. » À l'automne, papa et ses hommes ont réparé l'école. Il se servait du reste du bois de chauffage qui n'avait pas servi durant l'hiver. Il y avait du bois de tilleul qui séchait depuis longtemps. Papa en avait parlé au conseil qui disait : « C'était à elle de ne pas le prendre ce loyer-là. » Vous savez, les gens manquaient un petit peu de sentiment de partage. Pourtant, ils avaient la coutume d'aider les plus pauvres dans le rang. Mais dans le cas d'Émilie, c'était comme si elle était une étrangère... je ne sais pas pourquoi...

C'était une femme qui savait manifester de la reconnaissance. Maman trouvait qu'elle avait le cœur bien placé. Elle reconnaissait ce que mon père avait fait pour elle. Elle avait l'air sévère, mais elle ne l'était pas...

C'était une femme qui avait de l'humour, mais elle n'avait pas l'air gaie. Elle était cultivée, elle parlait avec des mots de nature à encourager les gens.

Je me souviens également que c'était une grosse et grande dame de stature imposante. Elle avait l'air froide d'apparence. C'était une femme un peu exceptionnelle, on se demandait pourquoi elle avait épousé cet Ovila-là.

Elle était attentive aux soins de ses enfants. On lui reconnaissait un mérite extraordinaire. C'est une femme qui ne parlait jamais en mal des autres ; c'était peut-être sa plus grande qualité.

Madame Pronovost avait toujours une raison de comprendre les pauvres, elle les recevait parfois et elle avait toujours une raison pour excuser les gens qui n'étaient pas comme les autres.

Un de nos compagnons, un nommé Champagne, s'est noyé au lac Perchaude. Lorsqu'on l'a vu disparaître dans l'eau, je suis parti à la course chez Ti-Ton (Émile Pronovost).

Madame Pronovost était là. Elle a dit : « Émile attelle ton cheval, je m'en vas y aller. » Une fois arrivée, elle lui a fait la respiration artificielle. Dans ce temps-là, c'était pas courant, vous savez, l'histoire d'aspirer... Elle l'a roulé sur le dos après lui avoir appuyé sur le ventre, il s'est mis à restituer, on pensait qu'il y avait de l'espoir. Émilie nous guidait tout le temps, elle disait : « Les petits garçons, vous allez le prendre par les jambes, et par les bras. » Mais il est mort quand même... Elle a dit : « Y a rien à faire, le bon Dieu est venu le chercher. » Certains petits gars pleuraient. Madame Pronovost essayait de nous consoler.

Paul Hardy, un ancien voisin d'Émilie, et Nathalie Jean.

Le 5 juin 1923, Félicité Bédard Pronovost meurt au Lac-à-la-Tortue. Ce deuil touche beaucoup Émilie. Éva, sa belle-sœur, ramène la dépouille de Félicité à Saint-Tite, qui sera exposée chez son fils Émile (Ti-Ton). Pour veiller le corps, Ovila revient à Saint-Tite.

Il y a longtemps que son regard n'a pas croisé celui d'Émilie. On raconte qu'Ovila a refait sa vie. Il habite alors au lac Duparquet avec une Indienne...

Le 7 juin 1923, le corps de la belle-mère d'Émilie est porté en terre dans le cimetière de Saint-Tite. Le départ de Félicité et celui d'Ovila laissent un vide immense dans le cœur d'Émilie.

***

Pour l'année 1924-1925, Émilie enseigne à l'école n° 6. Elle gagne 225 $ par année[1].

En août 1925, on retrace Émilie comme institutrice à l'école n° 8 dans le rang sud à Saint-Tite. Elle a comme compagne de travail sa fille Blanche. C'est un honneur pour elle d'enseigner avec une de ses filles. Blanche suit les traces de sa mère, qui avait elle-même suivi les traces de la sienne.

Émilie est très présente pour ses enfants. Rolande m'a un jour confié qu'elle n'avait jamais souffert de l'absence d'Ovila, sa mère étant toujours là au bon moment.

---

1. Procès-verbaux de la Commission scolaire de Normandie. Saint-Tite, 1924-1925.

Chapitre 10

Émilie, l'attraction du village

Pour l'année 1925-1926, monsieur Georges St-Arnault de Saint-Tite considère qu'Émilie a brûlé beaucoup plus de bois qu'à l'ordinaire. En effet, elle a brûlé 31 cordes de bois[1].

De fait, à l'époque, on brûle généralement environ 25 cordes de bois par école par année. Toutefois, le cas d'Émilie est différent : elle habite l'école toute l'année et partage son logement avec certains de ses enfants.

On surveille continuellement les moindres faits et gestes d'Émilie, qui est devenue l'attraction de la région. Par exemple, les gens trouvent que beaucoup trop de personnes habitent l'école durant l'été. En cette saison, Émilie aime bien passer quelques semaines entourée de ses enfants, dans sa maison-école. Mais certains commissaires ne voient pas cela d'un bon œil. Le curé Grenier s'en mêle : il demande aux commissaires de laisser sa protégée tranquille.

L'été, en présence de sa famille, Émilie fabrique des poupées de chiffon. Ses enfants, qui lui vouent un immense respect, lui apportent l'aide nécessaire sur le plan financier, et se montrent reconnaissants pour tout ce qu'elle fait pour eux. Lorsqu'elle est en colère contre l'un d'eux, elle dit tout simplement d'un ton sec « Boud'yeux ! » et les enfants comprennent immédiatement. Elle n'a jamais besoin de répéter... Quand Émilie dit non, il n'y a plus de discussion possible.

---

1. Procès-verbaux de la Commission scolaire de Normandie. Saint-Tite, 1925-1926.

Lorsqu'elle ne passe pas l'été à Saint-Tite, elle part pour Saint-Stanislas. Françoise Bordeleau, nièce d'Émilie, se souvient des étés d'antan :

Lorsque papa habitait à la côte Saint-Paul, elle venait passer ses vacances d'été chez nous. Elle arrivait autour du 24 juin, puis elle disait : « V'là la grosse poule avec ses petits poussins », faisant allusion à sa carrure et aux nombreux enfants marchant derrière elle.

Ma tante voulait que ses enfants réussissent à l'école. Durant l'été, elle s'occupait à faire de la couture pour que ses enfants portent de beaux vêtements en classe. Lorsqu'elle repartait, maman lui offrait des fleurs – ma tante Émilie aimait bien les narcisses – et papa lui donnait des légumes. Je me souviens que ça me faisait un petit quelque chose de la voir partir avec nos plus belles fleurs. Mais ma tante nous a appris beaucoup de choses... Elle m'a appris entre autres à faire des mots croisés. Elle en faisait beaucoup.

Monique Mongrain et Françoise Bordeleau, les nièces
de Célina et d'Émilie.

Rolande Pronovost, Nathalie Jean et Françoise Bordeleau en 1991.

Le 14 juin 1925, un ouragan sème la destruction dans la municipalité de Saint-Tite, comme en témoigne cet article paru dans *Le Nouvelliste*, le 15 juin 1925.

Maisons détruites et emportées par une tornade à Saint-Tite ; blessés à l'hôpital

La partie nord de la ville de Saint-Tite a été visitée hier après-midi, vers quatre heures, par une tornade qui a blessé gravement monsieur et madame Wilbrod Dessureault, démoli plusieurs maisons et granges, transporté la maison de monsieur Dessureault avec tous ses habitants à une distance de plusieurs arpents, arraché les toits d'autres maisons, déplacé une maison de cinq pieds sur ses fondations et causé des dommages qu'on estime à près de 25 000 $.

Dans l'après-midi d'hier, un violent orage électrique éclata sur notre ville. Les rues ne tardèrent pas à être remplies d'eau et il tomba un peu de grêle. Soudain dans la partie nord de la ville, la violence du vent s'accentua et l'on vit une tornade se développer et se diriger avec une rapidité foudroyante vers la maison de monsieur Wilbrod Dessureault, rue Le Bourdais.

La maison de monsieur Wilbrod Dessureault était une construction de deux étages en bois. Elle ne tarda pas à céder sous la formidable poussée du vent et fut en quelques instants arrachée à ses fondations, soulevée et emportée dans les airs avec tous ses occupants à leur grande stupéfaction.

Dans sa randonnée à travers l'air, la maison de monsieur Wilbrod Dessureault fut réduite en débris et ses occupants jetés le long du trajet.

Après la tempête, au cours des recherches faites, on a retrouvé des débris de la maison à sept arpents de distance. Rien n'a été épargné. Les meubles ont été réduits en aiguillettes et éparpillés aux quatre coins du village. Tous les autres articles de ménage sont introuvables.

Monsieur Wilbrod Dessureault a été retrouvé à deux arpents de distance où il avait été transporté avec sa maison par la tornade. Il souffrait de contusions générales et plus particulièrement à l'estomac. Son état a été considéré assez grave pour le faire transporter ce matin à l'hôpital Saint-Joseph de Trois-Rivières.

Madame Wilbrod Dessureault a été retrouvée à une moindre distance que son époux. Elle gisait sur le sol, avec une jambe fracturée. Elle tenait encore dans ses bras son bébé qu'elle berçait au moment où la tornade emporta sa maison. Madame Dessureault a aussi été transportée à l'hôpital Saint-Joseph de Trois-Rivières.

Deux autres fils de monsieur W. Dessureault et deux demoiselles Moreau qui se trouvaient dans la maison quand la tornade l'emporta furent transportés sur une courte distance et laissés sur la route, mais aucun n'a reçu de blessure.

On peut se faire une idée de la violence de la tornade du fait qu'en emportant l'écurie de monsieur W. Dessureault, elle en a démoli le plancher construit en béton. Aucun des animaux se trouvant dans l'écurie n'a été blessé.

L'écurie de monsieur Donat Trépanier, voisin de monsieur W. Dessureault, a été détruite de fond en comble et ses débris furent transportés à une grande distance.

La grange de monsieur Léopold Veillette a été enlevée par le vent et transportée sur plus d'un arpent, déposée sur le bord de la propriété de monsieur D. Trépanier. Cette grange est en partie détruite.

Les cheminées des résidences de messieurs Donat Trépanier et Léopold Veillette ont été jetées à bas par la tornade et démolies entièrement.

Le vent a aussi enlevé la plus grande partie de la couverture de la maison de monsieur Donat Trépanier et par le trou béant il a happé le matelas d'un lit, toute la garniture de ce lit et transporté le tout à une grande distance.

La cuisine d'été de monsieur Eustache Lafontaine, attenante à sa maison, a été emportée, démolie et ses débris éparpillés dans la ville. Un bébé qui y dormait en avait été enlevé deux minutes seulement avant que le vent vint enlever la cuisine.

La maison de monsieur Eustache Lafontaine a vu son toit arraché et emporté par le vent. Il en a été de même de la maison de monsieur Lorenzo Dontigny. Chez ce dernier, sa grange et un hangar ont aussi été la proie de la tornade qui les a démolis.

Débris de la maison de Wilbrod Dessureau.

La résidence de monsieur Joseph Saint-Amant, une grande et solide maison, a été déplacée de cinq pieds sur ses fondations.

On estime à 25 000 $ le montant des pertes. Quelques-unes des maisons pourront être réparées, mais dans la plupart des cas, c'est une perte totale.

Wilbrod Dessureault, un parent d'Émilie, y laisse sa vie... Émilie reste marquée par ces événements. Quelques années plus tard, elle racontera le drame à maintes reprises à des parents d'élèves.

Le 22 mai 1926, Émilie jubile de bonheur : elle devient grand-mère pour la première fois. Sa fille Marie-Ange, qui habite Montréal, donne naissance à une fille qui porte le prénom d'Aline. Mais, comme c'est souvent le cas dans la vie d'Émilie, après le bonheur suit le malheur. Trois jours après la naissance de sa petite-fille, Émilie a la douleur de perdre celui qu'elle considère comme son deuxième père : le curé Grenier rend l'âme à l'âge de 75 ans.

Maintenant que son protecteur n'est plus, les gens de Saint-Tite la garderont-ils comme institutrice ? Heureusement, Émilie enseignera encore pendant plusieurs années dans ce village. Mais après le décès du curé Grenier, les conditions d'enseignement deviennent beaucoup plus difficiles. Alors que le village est électrifié et qu'il bénéficie du service d'aqueduc, Émilie habite dans une école qui n'a pas encore l'eau courante et s'éclaire à la lampe à l'huile. Ses demandes pour bénéficier de ces services restent sans réponse.

André Périgny, qui a déjà été l'élève d'Émilie, partage avec nous ses souvenirs :

Elle m'a enseigné au ruisseau Le Bourdais au bas de la côte pendant un an. C'était une très bonne maîtresse. J'étais très tannant et agité. Les petites filles jouaient d'un côté et les garçons de l'autre ; on jouait au drapeau. Je fonçais sur les petites filles qui formaient une ronde. Après plusieurs fois, Émilie m'a envoyé casser une petite hard (branche molle) *qui poussait au travers la clôture de l'école. Elle me passait cela sur les jambes. C'est grâce à Émilie Bordeleau si j'ai appris à danser* (éclats de rire).

Son épouse, qui a été institutrice pendant 4 ans dans une école de rang, prend la parole à son tour :

Dans ce temps-là, il fallait être très sévère, car on n'avait pas de sœur supérieure ni de directeur. Il fallait s'organiser seule.

Monsieur Périgny poursuit :

Elle avait la peignure et le regard sévères, mais quand on connaît sa vie, elle n'avait pas le choix. C'était mal vu une séparation à l'époque. Je me souviens de sa petite cloche qu'elle utilisait pour nous appeler.

Lors du départ de son fils Émilien pour l'Abitibi, Émilie lui a fait des recommandations, elle lui disait de faire attention là-bas. Elle avait organisé une fête, un genre de rassemblement, pour son départ. C'était une très bonne mère. Elle a fait instruire ses enfants. Ils ont bien réussi. Sauf Clément... il retenait de son père... Il a courtisé ma sœur et ce n'était pas un ange. Un vrai Ovila !

Un jour, elle est partie en Abitibi, rejoindre Ovila probablement. Les enfants, je crois, ne le savaient pas ou bien ils n'en parlaient pas. J'ai connu un peu Ovila. Il venait la voir à l'occasion. C'était un homme qui ne parlait pas beaucoup.

André Périgny, élève d'Émilie, son épouse, et Nathalie Jean.

La rumeur veut qu'il y ait eu un froid entre Émilie et un commissaire d'école en 1927[1]. J'ai retracé une lettre[2] écrite par Clément Pronovost, adressée au surintendant de l'Instruction publique, alors qu'il prenait la défense de sa mère.

Saint-Tite, 30 juin 1927
À M. le surintendant de l'Instruction publique

Monsieur,

Est-ce que l'avis qui doit être donné à une institutrice deux mois avant l'expiration de son année d'engagement pour la remercier de ses services pour la prochaine année scolaire doit être donné par le secrétaire trésorier agissant en vertu d'une résolution adoptée par les commissaires d'écoles et entrée à leurs registres de délibérations ? Si ces formalités n'ont pas été remplies, est-ce que l'engagement peut être continué l'année suivante et si les commissaires la congédient après qu'elle s'est déclarée prête à continuer à enseigner dans cette école, a-t-elle le droit de se faire payer son salaire pour l'année suivante ?

L'institutrice a reçu l'avis au mois d'avril mais l'assemblée des commissaires était irrégulière vu qu'elle n'avait pas été convoquée à cet effet et qu'aucune résolution n'est entrée au registre des délibération.

On se base pour le renvoi de cette institutrice sur les raisons suivantes : qu'elle laisse les carreaux ouverts souvent pendant la classe ; qu'elle n'a pas donné le temps de sa classe en entier, mais l'horloge fait défaut, ce qui est bien connu de tous les contribuables et depuis longtemps.

C'est le commissaire qui est coupable de négligence. On dit aussi que l'institutrice qui est mariée et qui a des enfants qui viennent la visiter au temps des vacances usent l'école et quelques contribuables disent qu'ils veulent que l'école soit fermée au temps des vacances.

---

1. Monsieur Joachim Crête, du roman et de la série télévisée, est un personnage fictif mais il n'est pas bien loin de la réalité.

2. ANQ, Québec (E18/1A29 2504 A).

Est-ce qu'une institutrice a le droit d'occuper son logement au temps des vacances ? C'est une très bonne institutrice expérimentée qui a obtenu des primes pour succès dans l'enseignement et a obtenu un rapport excellent à ses examens.

Est-ce que les commissaires sont tenus de chauffer le logement de l'institutrice durant les mois de classe et peuvent-ils être obligés de chauffer au temps des vacances ?

Est-ce que les commissaires qui ont négligé de fournir une eau potable à l'école et que par suite de cette négligence la maîtresse a vu ses forces diminuer de moitié et a été obligée de se faire soigner peut tenir les commissaires responsables de quelques dommages ?

Une réponse immédiate obligera beaucoup votre serviteur.

Clément Pronovost,
Saint-Tite Co. Champlain

En réponse, le surintendant écrit à Clément ce qui suit :

(…) l'engagement du personnel enseignant est du ressort exclusif des commissaires d'écoles et (…) ces derniers ne sont pas tenus de tenir compte des requêtes qui leur sont soumises pour ou contre l'engagement d'une institutrice.

Pour remercier une institutrice de ses services, les commissaires doivent, à une session régulière, adopter une résolution à cet effet, et lui en donner avis par écrit avant le 1er juin. Les résolutions doivent être inscrites dans le livre des délibérations de la commission scolaire.

Une institutrice congédiée illégalement peut réclamer son salaire pour l'année entière. L'institutrice qui ouvre les carreaux de ventilation des fenêtres durant les heures de classe ne commet une action répréhensible du moment qu'elle prend les précautions voulues pour que les élèves ne souffrent pas des courants d'air.

Une institutrice a le droit de passer ses vacances dans le logement de l'école où elle enseigne et les commissaires sont tenus de fournir le combustible pour la classe et pour ce logement au cours de toute l'année scolaire. Les commissaires doivent fournir l'eau potable à chaque école et, si par négligence coupable de la part des commissaires, l'institutrice où les élèves contractent des maladies par suite de l'usage de mauvaise eau, des recours en justice peuvent être exercés contre la commission scolaire.

À la suite d'une mésentente avec un commissaire, Clément écrit de nouveau au surintendant[1].

Monsieur,

Un commissaire cause un peu de trouble par son entêtement, il refuse d'engager l'institutrice de son arrondissement donnant pour raison qu'elle a été notifiée parce qu'elle a perdu du temps et que le règlement de la classe ne plaît pas à la majorité des contribuables de l'arrondissement. La notice qu'elle a reçu n'est pas de loi parce que la résolution des commissaires n'a pas été entrée au livre des délibérations ; l'assemblée était aussi irrégulière.

Ce même commissaire dans son entêtement a déclaré qu'il ne voulait pas voir le prêtre à l'école.

Y aurait-il un moyen de l'expulser et quels sont les moyens à prendre ?

Une réponse immédiate obligera beaucoup votre serviteur.

Clément Pronovost

Malgré les interventions de Clément, Émilie n'est pas embauchée de nouveau comme institutrice à Saint-Tite. De toutes ses qualités, la plus grande est sans doute son positivisme, et Émilie ne se laisse pas abattre par cette mauvaise nouvelle. Elle pourrait sombrer dans une dépression à la suite de toutes ces épreuves, mais c'est une femme courageuse et combative.

---

1. ANQ, Québec (E18/1A29 2504 A).

Chapitre 11

L'Abitibi

Durant l'année 1928-1929, Émilie vit dans le rang Calamité à La Sarre, en Abitibi. Pourquoi est-elle partie en Abitibi alors qu'elle s'est battue pendant de longues années pour ne pas aller rejoindre son époux ? Presque tous ceux que j'ai rencontrés affirment qu'Émilie est allée retrouver son mari Ovila... Elle a tenté une ultime réconciliation. Elle l'a fait pour elle, mais aussi pour ses enfants.

Ovila Pronovost habite avec une Indienne au lac Duparquet. On raconte qu'il aurait voulu l'épouser, et qu'Émilie l'en aurait empêché, mais... Ce sujet reste tabou dans la famille. Nul ne saura jamais la vérité...

Une lettre[1] écrite par Émilie et datée du 7 janvier 1928 nous parle un peu de son année en Abitibi.

Bien chers frère et belle-sœur

Le renouvellement de l'année me fournit une occasion des plus favorables pour vous offrir mes meilleurs vœux et souhaits de bonheur à vous et à toute votre famille.

Ces vœux, je ne puis les exprimer tous ici, car ils sont nombreux, mais Dieu qui les connaît saura les exaucer.

Comment êtes-vous tous ? Bien, je l'espère, et en bonne santé. J'aurais voulu vous écrire plus tôt, mais des occupations multipliées m'en ont empêchée.

---

1. À la demande de la famille, les originaux des lettres d'Émilie ne sont pas reproduits, seulement retranscrits.

J'ai aussi, pour atténuer ma faute, un grand besoin de repos qui m'oblige à me coucher de bonne heure et à me lever le plus tard possible.

Je fais la classe, école n° 8 Calamité. Je n'ai que 14 élèves inscrits, assistance moyenne 9. Je n'appelle pas cela travailler, car c'est à ma classe que je me repose, j'y suis 15 heures consécutives. J'ai de bons gages $350.00, salaire et prime qui forment $380.00. C'est extra en se reposant.

Tous les frères ici sont en bonne santé et me prient de vous offrir leurs meilleurs vœux et souhaits de bonheur.

Edwidge est très bien, mange et dort bien.

J'ai passé le temps des fêtes avec lui, ça n'a pas été trop ennuyant.

Le petit Jean est au collège de Sainte-Anne-de-la-Pérade, je n'en écris pas plus pour le moment.

De votre sœur
Dame O. Pronovost
La Sarre
Abitibi

En Abitibi, Émilie vit près de ses frères. Elle peut donc communiquer plus facilement son positivisme aux autres. Les membres de sa famille sont frappés par le malheur qui touche leur frère Honoré. Ce dernier vit dans le deuil depuis des années. Honoré a eu la douleur de perdre sept de ses onze enfants, tous décédés avant d'avoir atteint l'âge de 5 ans. Émilie connaît bien cette douleur. Elle se souvient de Louisa...

Mais la tentative de réconciliation avec Ovila ne fonctionne pas, et bientôt Émilie est de retour en Mauricie, sans lui...

À partir de cette période, elle n'a plus de nouvelles d'Ovila, mais elle l'aime toujours. Elle lui reste fidèle, malgré les occasions qui se présentent. Émilie est une très belle femme de 40 ans. Elle se teint les cheveux et demeure très coquette.

Après son retour d'Abitibi, Émilie quitte temporairement l'enseignement. Elle habite alors une jolie maison au 161, rue du Moulin à Saint-Tite. Le propriétaire de cette maison a un emploi qui l'oblige à se déplacer. Émilie peut habiter la maison à condition qu'à son retour à Saint-Tite le propriétaire ait sa chambre pour dormir.

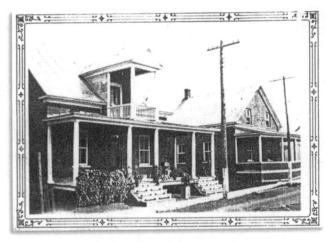

Maison où s'est retirée Émilie après avoir quitté temporairement l'enseignement vers 1930.

La maison aujourd'hui.

En 1929, une nouvelle secoue Émilie : son fils Paul-Ovide décide d'entrer chez les pères oblats.

Chapitre 12

Adieu Saint-Tite

En 1932-1933, à l'école du petit rang Saint-Georges, à Lac-aux-Sables (Hervey-Jonction), de jeunes garçons donnent des problèmes à une jeune institutrice. Les commissaires d'école, connaissant une institutrice plus sévère que les autres et qui habite Saint-Tite, demandent à celle-ci de venir calmer ces jeunes à problèmes. Émilie a l'appui sans condition des parents, qui veulent de l'ordre et de la discipline dans leur école.

Émilie quitte donc Saint-Tite pour ne plus jamais y revenir. Par ailleurs, il est devenu très difficile pour elle d'habiter dans ce village où sa vie est connue de tous. Certaines personnes changent même de trottoir lorsqu'elles voient arriver Émilie. Elle se sent sévèrement jugée par ces regards constamment braqués sur elle.

Émilie apprend alors à marcher avec une force peu commune. Plus personne ne peut la blesser. Surtout pas ceux qui disent cavalièrement que le trottoir de bois va s'effondrer sous son poids... La différence dérange, et elle, Émilie Bordeleau Pronovost, est une avant-gardiste...

De cette époque, les élèves gardent d'excellents souvenirs d'Émilie, mais certains se souviennent d'elle comme d'une institutrice trop sévère qui s'y prenait très mal pour assagir ses élèves.

Monsieur Georges Henri Marcotte, qui fut un élève d'Émilie pendant 4 ans, se souvient :

Émilie m'a enseigné à l'école n° 4 du Lac-aux-Sables. Elle m'a enseigné de la première à la quatrième année. Il faut dire qu'elle était dans les dernières années de sa vie comme institutrice. Elle était fatiguée, mais il ne faut pas juger toute la carrière d'institutrice d'Émilie Bordeleau par les dernières années de sa vie. Vous savez, elle était séparée de son mari depuis plusieurs années.

On l'avait invitée justement à venir enseigner à cette école-là parce qu'on prétendait que les élèves étaient indisciplinés. Elle devait y mettre de l'ordre et elle l'a fait (éclats de rire). J'ai connu d'autres institutrices qui n'avaient pas besoin d'agir avec autorité.

Comme j'avais du talent, je n'ai jamais eu de grosses punitions, mais lorsque des têtes fortes voulaient s'obstiner avec Émilie, elles n'avaient pas le dessus.

Je pense qu'à l'école, elle tenait le fort, c'est tout... Selon moi, elle n'avait pas une très bonne préparation. Par contre, étant veuve, si on peut dire, elle aurait pu se contenter de subir son sort, mais elle s'est débrouillée.

Émilie enseignait à plus de 30 élèves. Dans l'école, il y avait un poêle à deux ponts, une pompe à eau, mais elle était contaminée ; donc, un élève allait chercher l'eau à une source. Il y avait une « bécosse » et un hangar pour le bois de chauffage. De l'autre côté de la classe, il y avait une cuisinette et une chambre à coucher. À l'étage, ses filles y logeaient.

Elle venait presque tous les soirs jouer au 500 (aux cartes) chez nous. Un jour, mon frère et moi avons été chargés de chaperonner les filles d'Émilie à une cueillette de noisettes avec des garçons. Émilie disait : « Si vous voulez y aller, les p'tits Marcotte iront avec vous. » On avait fait un dîner champêtre et on avait mangé du blé d'Inde en « canne », ce qui était très rare à l'époque.

Entre le jour de l'An et les Rois, les voisins se visitaient entre eux. La coutume voulait qu'on passe à tous les invités en formulant nos souhaits de Bonne Année. Émilie arrivait, elle enlevait ses lunettes qui étaient embuées et elle disait très fort : « J'vous en souhaite toute une bonne et heureuse. » Voilà ! Ça, c'était Émilie...

L'école d'Émilie au rang Saint-Alphonse à Lac-aux-Sables.

La même école, plus tard.

Émilie aimait bien faire planter des fleurs à ses élèves
(Lac-aux-Sables, 1932).

Monsieur Albert Renault, auquel Émilie a enseigné pendant un an, se souvient des conditions difficiles dans lesquelles elle devait travailler :

Dans la classe, il y avait des hommes gros, qui faisaient facilement 5 pieds 11 pouces et 6 pieds. C'était des hommes très difficiles. Les petites institutrices avant Émilie n'avaient pas d'autorité sur eux. Les élèves faisaient ce qu'ils voulaient à l'école. Elle est arrivée et ils se sont tous calmés. C'était une femme tellement imposante.

En 1932, alors que Napoléon, son frère, vient de perdre sa femme âgée d'une trentaine d'années seulement, Émilie lui fait parvenir une lettre de réconfort et de soutien.

Hervey-Jonction, 29 décembre 1932

Bien cher frère,

Comment êtes-vous tous ? Bien je l'espère et toujours confiants dans l'avenir, malgré les épreuves qui nous ont assaillis. Le Nouvel An fournit une occasion des plus favorables pour exprimer les vœux et souhaits que l'on forme pour ceux qui nous sont chers. Que la prochaine année soit pour nous une année de paix, de bonheur, santé et succès.

Que Dieu vous favorise dans vos plus chers désirs.

Je m'étais bien promis d'aller passer le temps des fêtes avec vous autres, mais voilà qu'une nouvelle épreuve est venue s'ajouter aux autres déjà si nombreuses. Clément est à l'hôpital Saint-Joseph de Trois-Rivières où il a subi une opération pour l'appendicite le 9 décembre. J'y suis allée samedi le 17. Il est hors de danger maintenant et je l'attends d'une journée à l'autre ; c'est dire que je ne puis pas laisser la maison. Rolande est avec moi depuis le 26 courant. Elle est bien portante. Je ne crois pas que les Montréalaises puissent venir durant les fêtes. Blanche et Jeanne n'ont que 48 heures de congé à l'hôpital Notre-Dame. Rose et Marie-Ange ne peuvent pas non plus laisser leur travail. Alice est à l'Institut pédagogique et elle ne viendra pas seule à Hervey.

Je me console de toutes ces absences en adressant à chacune d'elles une volumineuse lettre ainsi qu'à Émilien à l'Abitibi.

Mais ce n'est pas tout de penser aux enfants. Il y a encore les frères et sœurs qui nous occupent et auxquels il faut dire tout ce qui peut les encourager.

Les liens de famille ne se rompent pas quelque éloignés que nous soyons les uns des autres. Toujours ils demeurent vivaces et semblent prendre de nouvelles forces à mesure que nous avançons en âge et que nous comprenons mieux les réalités de la vie.

Pour moi, je suis assez bien ; mieux que l'été dernier. Mon travail ne me fatigue pas trop. Êtes-vous encore dans votre même maison ? Tu me diras tout ce qui peut m'intéresser. Est-ce que quelqu'un d'intéressé vous porte secours ? En fait de linge de vêtements, dis-moi ce dont tes petites filles ont le plus besoin. Je pourrais leur envoyer quelque chose.

Je cesse d'écrire. Je vois venir le postillon et je suis bien à ma huitième page d'écriture. Je crains que mon enveloppe se rompe sous l'effort du contenu. Bonsoir. Venez si vous le pouvez. Je serai bien contente. Ta sœur D.O.P.

Voici une dictée donnée par Émilie à ses élèves de Lac-aux-Sables en 1933. Elle parle de l'ivrognerie. Impossible de dire si elle existait déjà ou si c'est Émilie qui l'a composée pour ses élèves. Peu importe, cette dictée frôle drôlement la réalité. Sa réalité à elle...

Dictée sur l'ivrognerie

Il n'y a aucun vice qui soit plus honteux, plus fatal dans ses conséquences que l'ivrognerie. L'homme ivre déraisonne et descend au-dessous de l'animal qui ne raisonne pas, il est vrai, mais qui demeure constamment fidèle aux règles que Dieu a établies. Les instincts de l'animal lui tiennent lieu de sagesse ? Que les instincts de l'homme le conduisent presque toujours aux excès et aux sottises de tout genre. Si la raison a disparu, les appétits les plus désordonnés ont libre carrière. Craignez tout d'un homme adonné à la boisson, et n'en espérez rien, ni dévouement, ni respect des choses les plus sacrées, ni même probité. Ceux qui se sont abandonnés à cette indigne et funeste habitude méprisent le travail, dédaignent les joies de la famille et ne remplissent aucun devoir de la vie publique ou privée. Ils ne sont plus des créatures humaines, dit un ancien philosophe, ils sont des brutes ou des bêtes féroces.

Marie-Ange Béland Bary conserve précieusement son cahier et cette dictée. D'Émilie elle avoue :

J'habitais au petit rang Saint-Georges à Hervey-Jonction (Lac-aux-Sables). Émilie m'a enseigné pendant deux ans environ. J'avais 11 ans. Je l'aimais beaucoup. Elle était sévère, car elle aimait les choses bien faites. Les jeunes en avaient peur, car elle était là pour remettre les jeunes à l'ordre. C'était une femme juste. Je garde un bon souvenir d'Émilie. Cette année-là, je marchais au catéchisme[1] et lorsque monsieur le curé nous a demandé qui était notre institutrice et que nous avons répondu que c'était Émilie Pronovost, il nous a épargné les questions... Les élèves d'Émilie étaient bien éduqués, on avait des bonnes notes.

Pour ce qui est de sa règle, elle ne m'a jamais touchée. Elle l'avait pour nous faire peur. Lorsqu'elle m'a enseigné, jamais elle ne s'en est servie.

Émilie aimait bien la perfection. Lorsque l'inspecteur passait, elle avait toujours un bouquet de fleurs séchées sur la table. Puis pendant l'année, elle nous faisait planter des fleurs devant l'école. Émilie aimait bien la nature et la végétation.

Je me souviens qu'elle était presque toujours de bonne humeur. Elle voulait nous amener à elle. Elle voulait également gagner la confiance de ses élèves.

À l'école, il y avait un enfant qui était difficile, il ne voulait pas étudier et il était loin derrière les autres. Il avait été renvoyé du couvent et aucune institutrice ne voulait de lui, mais Émilie l'a accepté et lui a fait la classe. C'était une femme sévère, mais juste.

---

1. L'expression « marcher au catéchisme » signifie que, pendant un mois, les enfants allaient tous les jours à la sacristie.

Lorsqu'elle est partie, mes parents eurent beaucoup de peine, car c'était notre meilleure institutrice. On avait été échaudé par le passé. On avait eu des jeunes institutrices sans diplôme. Mais quand elle est arrivée, on a gagné le gros lot ! Elle faisait un bon travail.

Émilie venait chez nous chercher le lait, les œufs et le beurre. Un soir, elle a veillé jusqu'à 11 h. Mon père voulait aller la reconduire et elle a refusé. Il insistait en disant que ça n'avait pas de bon sens avec cette noirceur. Émilie n'a jamais voulu. En arrivant à l'école, elle a mis la clé dans la serrure. Elle a alors entendu un bruit, ce qui lui a fait un peu peur. Elle devait traverser le couloir pour aller à la cuisine chercher sa lampe à l'huile. Elle écoutait... C'était finalement un de ses pots de fleurs qui était tombé. Elle était courageuse.

Émilie était créatrice, elle fabriquait des pots de fleurs avec des noix de coco vides. Elle faisait des trous et elle accrochait le pot avec de la corde.

Elle nous a appris beaucoup de choses. Un jour, elle est venue chez nous. Mon père avait un veau à tuer. Elle a demandé si on ramassait le sang, ma mère avait compris qu'elle aurait bien aimé en avoir. Je suis allée avec sa fille Rolande ramasser le sang et maman l'a offert à Émilie. Elle le faisait cuire et elle préparait une recette de sauce au sang. C'était délicieux.

Elle est déjà venue chercher du blé chez nous, car une de ses filles avait des maux de menstruations. Émilie lui faisait manger des grains de blé, ce qui, semble-t-il, soulageait son mal.

Ma mère était sa bonne amie. Elles aimaient bien tricoter toutes les deux. Émilie avait même appris à un de ses fils à tricoter. C'était plutôt rare un homme qui tricotait.

Marie-Ange Béland Bary et Nathalie Jean.

Dessins qu'Émilie a faits dans le cahier d'une élève, 1932.

Madame Rose Toutant Cloutier nous parle d'Émilie :

Elle ne m'a enseigné qu'une seule année, car ma mère avait accouché en juin et on a dû me retirer de l'école pour que je l'aide. J'aimais aller à l'école, je regardais les enfants partir pour l'école et je pleurais.

Émilie était une bonne institutrice, mais elle ne parlait qu'une fois, jamais deux fois. Je me souviens qu'elle avait toujours une écharpe immense en soie gris et bleu qu'elle pliait en deux pour se cacher, même l'été, car elle était un peu grasse. Elle avait un chignon et des cheveux séparés dans le milieu. Elle portait souvent un camé en broche et ses blouses étaient toujours blanches ou noires.

Nathalie Jean et madame Rose Toutaut Cloutier, une ancienne élève d'Émilie et une amie de Rolande.

Émilie était sèche, mais elle n'élevait jamais la voix. Elle avait puni un p'tit garçon avec des coups de p'tite hard. *C'était juste pour lui montrer l'autorité, ce n'était pas méchant. Avec elle, c'était ça et ça restait ça, elle ne pliait pas.*

Elle n'était pas « placoteuse », contrairement à nous. Je me souviens qu'elle venait filer de la laine chez nous. Ce que je trouvais de plus beau en elle, c'est que jamais je ne l'ai entendu parler en mal d'un autre. Elle trouvait que tous les gens étaient bons.

Vous savez, son instruction me sert encore aujourd'hui. Il y a quelques années, j'ai suivi un cours de Bible. Le curé nous a dit : « Je vais vous poser une question, je ne sais pas si vous allez être capables de répondre. Combien y a-t-il de chœurs d'anges dans le ciel ? » Comme personne ne répondait, je me suis levée pour répondre : « Il y en a neuf », et j'ai nommé tous les noms. Les gens se sont mis à applaudir. J'ai répondu que c'était Émilie Bordeleau qui m'avait appris ça, il y a 62 ans...

Elle ne m'a jamais punie. Mon frère, qui était un enfant difficile, a déjà eu une gomme sur le bout du nez. (Rires)

Un jour, Émilie nous avait montré une poésie pour la visite de l'inspecteur. Chacun de ses élèves représentait quelque chose. Le titre était « Ce qui est le plus difficile à retenir en classe ». Un élève représentait la géographie, un autre représentait une autre matière, et ainsi de suite. Une toute petite fille terminait la poésie en sortant sa langue et en disant : « Ce qui est le plus difficile à retenir en classe, c'est sa petite langue. »

En 1933-1934, Émilie enseigne à l'école n° 4 pour 225 $ par année[1]. De ces années, Jeannine Bronsard Légaré nous raconte :

Émilie Bordeleau était une avant-gardiste. On demeurait dans le rang qui allait du bord de la gare d'Hervey-Jonction. Les trains passaient dans la nuit. Lorsqu'elle voyageait en train, mon père lui

---

1. Procès-verbaux de la Commission scolaire de Normandie. Saint-Rémi de Lac-aux-Sables, 1933-1934.

disait : « Vous n'avez pas peur ? » Dans le temps, il y avait des quêteux. Émilie disait : « Non, j'plains l'homme qui viendrait m'attaquer. » Elle était très imposante et elle n'avait peur de rien.

Elle m'a enseigné la première année alors que j'avais 5 ans. Un moment donné, il y avait trop d'élèves et on était trois par banc. Elle m'avait placée avec les plus grandes, mais elles s'amusaient trop avec moi. Émilie a donc décidé de me changer de place et de me retourner avec les petits... J'étais très fâchée, je ne voulais pas. Je lui ai dit : « Non, je vais rester chez moi à jouer avec mon petit chat. » Le lendemain, je suis revenue à l'école et Émilie m'a dit : « T'es pas restée pour jouer avec ton petit chat ? » C'était une femme très moqueuse. Ça m'avait marquée.

***

Un jour, Paul-Ovide revient à la maison après 4 années passées chez les pères oblats. Sans vraiment connaître les raisons de son retour, Émilie adresse une charmante lettre au supérieur dans l'espoir d'en savoir un peu plus.

1er juillet 1933

Révérend Père,

Mon fils Paul-Ovide m'est revenu après quatre années passées chez vous. Je regrette que vous n'ayez pas reconnu chez lui la vocation d'un missionnaire oblat, mais que la volonté de Dieu soit faite puisque vous en avez été l'instrument. Pour tous les services rendus à mon fils tant dans l'aide matérielle que spirituelle, je vous adresse un bien cordial merci. J'ai contracté envers votre communauté une dette de reconnaissance que je ne pourrai jamais solder, mais Dieu le sait et lui seul peut vous récompenser dignement.

Maintenant, Révérend Père, j'aimerais connaître quelques détails sur les raisons qui ont motivé votre détermination de renvoyer mon fils et s'il peut encore aspirer au sacerdoce, puisque c'est là son ardent désir.

J'espère que les certificats que vous aurez à lui décerner ne seront pas un obstacle à son admission ailleurs. Je suis très respectueusement, Révérend Père, la très humble et très obéissante servante.

Dame O. Pronovost, Hervey-Jonction, Portneuf

Paul-Ovide n'a jamais été en très bonne santé. Enfant, il a été victime de diphtérie, et le médecin lui avait dit qu'il serait toujours faible. De plus, à l'instar de sa grand-mère maternelle, Paul-Ovide souffrait du diabète, maladie qui lui coûtera une jambe.

***

En 1934-1936, Émilie est toujours à Lac-aux-Sables. Elle enseigne cette fois à l'école n° 4 du rang Saint-Alphonse pour un salaire annuel de 225 $. Maintenant, la solitude ne lui pèse plus, puisque deux de ses filles enseignent tout près d'elle. Son cœur de mère déborde de joie et de fierté.

Jeanne, qui, pour des raisons de santé, n'a pu continuer son cours d'infirmière à Montréal, enseigne à l'école n° 3 (Hervey-Jonction) pour 200 $ par année. Rolande, la plus jeune, enseigne à l'école n° 5 du rang Saint-Georges pour un maigre salaire annuel de 150 $.

Le 18 mars 1935, Émilie apprend une autre mauvaise nouvelle : son beau-frère Ovide, âgé de 58 ans, est mort à Montréal. Émilie se souvient du soutien que ce dernier lui a toujours porté... Que reste-t-il de son passé ? Elle aimerait tant être près de ses beaux-frères et belles-sœurs.

Émilie enseignera au rang Saint-Alphonse jusqu'en 1937. En 1936-1937, le rapport d'inspecteur[1] mentionne que les notes pour l'école où enseigne Émilie sont les suivantes :

Tenue de l'école   9.3   -   Succès   9.1   -   Total sur 20   18.4

1. Procès-verbaux (Rapport d'inspecteur) de la Commission scolaire de Normandie. Saint-Rémi de Lac-aux-Sables, 1936-1937.

Pendant ce temps, à Montréal et en Abitibi, ses enfants font leur vie. Certains habitent près de leur père Ovila, mais seul son fils Émilien entretient certains liens avec lui. Sa fille Blanche est infirmière à Villebois, un petit village situé à 50 kilomètres au nord de La Sarre. Alice habite également ce coin de pays, et Paul-Ovide est marchand à Villebois.

Émilie désire des hommes bons pour ses filles ; elle souhaite intérieurement que ses filles épousent des hommes travailleurs et ayant un bon salaire. Comme elle a elle-même manqué d'argent, elle ne veut pas que ses filles connaissent le même sort.

Lorsque Rolande lui présente son futur mari, qui est de 10 ans son aîné, Émilie se rend chez l'employeur de celui-ci. Elle s'assure de sa bonne réputation et peut ainsi, le cœur libre de toute inquiétude, lui donner la main de sa fille.

Rolande, la benjamine, raconte :

Quand je suis devenue enceinte, elle a eu peur. Lors de mon accouchement, elle m'a dit : « As-tu trouvé ça dur ? » Je lui ai répondu : « Non, ça c'est bien passé. » Elle n'était pas contente. Elle disait : « Ça me choque de t'entendre dire ça. » (Rires) *Maman avait tellement eu des accouchements difficiles.*

Elle savait beaucoup de choses. On l'appelait notre encyclopédie vivante. J'adorais ma mère, c'est la meilleure institutrice que j'ai eue. Elle m'a enseigné jusqu'à l'âge de 13 ans.

Émilie n'était pas comme les autres. Elle est née trop tôt ou, plutôt, elle était précoce pour son temps. Si une de ses filles ne s'était pas mariée (ce qui fut d'ailleurs le cas de Marie-Ange, qui vécut de longues années de concubinage avec le père de sa fille avant de l'épouser), cela n'aurait pas été la fin du monde. De même, sa fille Rose s'est mariée à un âge assez avancé, ce qui aurait agacé toute mère de famille à l'époque. Mais Émilie était d'une autre trempe…

Chapitre 13

Émilie retrouve Ovila

Le 15 septembre 1937, l'église de Saint-Stanislas accueille dans son enceinte la fille d'Émilie, Alice, qui épouse Henri Boisvert. Rolande raconte : *Je me souviens que le jour du mariage d'Alice, maman avait de la joie dans le visage...*

Ce premier mariage a en effet une signification spéciale pour Émilie. Elle donne la main de son premier enfant, c'est vrai, mais il y a plus. *Il* est présent... Son mari est devant elle, marchant au bras de sa fille... Voir Alice avancer dans la même allée qu'elle a franchie 36 ans plus tôt la secoue énormément.

Les enfants caressent le désir secret de réconcilier leurs parents, mais Émilie n'est pas dupe : au dire de tous, Ovila n'a pas tellement changé. Mais peu importe, il y a des retrouvailles entre eux. Les années de séparation les ont tenus éloignés de corps, mais non de cœur. Malgré la force de leur amour, à la demande d'Émilie, c'est leur dernière rencontre.

L'année 1938 lui dérobe trois enfants : Jeanne, Émilien et Blanche. Ses enfants sont maintenant tous les trois unis par les liens sacrés du mariage à leur partenaire respectif.

En 1939, c'est au tour de Marie-Ange de prendre mari. Après avoir vécu en union libre pendant des années, elle épouse le père de sa grande fille à Montréal.

Le 9 septembre 1940, après une longue carrière dans l'enseignement, Émilie dépose une demande de pension au bureau du surintendant de l'Instruction publique. À 60 ans, sa santé ne lui permet plus d'enseigner.

Demande de pension d'Émilie,
le 9 septembre 1940.

Le 27 mars 1941, sa fille Rose épouse un veuf, Albert Omer Mallette, père de deux enfants. Émilie s'en réjouit. Elle a un jour fait la promesse que Rose serait comme les autres enfants et qu'elle se marierait. Elle se sent maintenant soulagée puisque sa fille est enfin heureuse. Un homme a su lire dans son cœur.

Un an à peine après sa demande de pension, Émilie décide de retourner à sa grande passion, l'enseignement. Après avoir été indécise pendant très longtemps, elle part finalement pour Rapide Sept, près de Cadillac en Abitibi, où on demande une institutrice sur un chantier. Maintenant que ses enfants sont tous installés, plus rien ne peut l'empêcher de partir vivre là-bas.

Elle se retrouve donc dans ce coin de pays qui a si longtemps été son ennemi. L'Abitibi ne lui a-t-elle pas volé son époux ? De toute manière, presque toute la famille habite là-bas ; il ne reste plus personne à Saint-Tite. Les enfants d'Émilie sont, sans aucun doute, d'abord et avant tout, les enfants d'Ovila Pronovost.

Une jeune institutrice aurait pu être un objet de désir et de tentation sur un chantier où travaillaient des hommes isolés depuis longtemps. Mais, à son âge, Émilie ne représente plus aucune menace pour les épouses des travailleurs. Elle se retrouve seule avec elle-même. Tous ses enfants volent désormais de leurs propres ailes. C'est à ce moment qu'elle prend vraiment conscience de sa situation : Ovila n'est plus là, elle vieillira seule, comme une veuve.

À gauche, Émilie accompagnant
un groupe lors d'un voyage organisé.

Chapitre 14

De retour à Saint-Stanislas

En 1944, âgée de 65 ans, Émilie se retire de nouveau de l'enseignement, pour de bon cette fois, et elle s'installe à Saint-Stanislas, son village natal. Là-bas, elle retrouve son frère Napoléon, avec lequel, au fil des ans, elle a noué des liens très solides. Au moins, dans ce village, elle n'est pas pointée du doigt ! Elle n'est pas Émilie Bordeleau Pronovost, celle qui...

Émilie en 1944.

Émilie pose fièrement devant
sa jolie maison de Saint-Stanislas.

La maison aujourd'hui.

Elle habite une jolie petite maison au 130, rue Principale. Elle partage avec ses voisines plusieurs loisirs et centres d'intérêt. Car depuis longtemps, Émilie s'intéresse à tous les sujets. Elle croit entre autres qu'avec quelques années en moins, elle aurait pu arrêter la guerre : elle a en tête une solution qu'elle aurait mise à exécution si elle avait pu...

Pendant ses temps libres, Émilie aime bien s'adonner à la lecture et parfaire ainsi sa culture. Elle aime aussi tricoter et confectionne des bas et des vêtements pour une famille pauvre de Saint-Stanislas dont le père travaille dans le bois. Parce qu'elle a elle-même connu une vie assez difficile, Émilie est touchée par la misère que vit cette famille financièrement démunie. L'homme, qui a un problème d'alcoolisme, boit à son retour tout l'argent gagné dans les chantiers.

Émilie tricote parfois en écoutant la radio que ses enfants lui ont offerte en cadeau. Son chanteur préféré est Tino Rossi. Elle aime beaucoup la musique et possède elle-même un certain talent pour l'accordéon, le piano et le chant. Émilie aime également beaucoup la géographie et l'histoire. Même si elle n'enseigne plus, cette belle passion d'apprendre l'anime toujours.

À Saint-Stanislas, elle est considérée comme une veuve. Les gens ne s'interrogent pas à son sujet ; elle vit seule et c'est bien ainsi. Malgré sa solitude, elle aime bien rire, d'un rire discret, à peine perceptible.

Une voisine d'Émilie, Monique Mongrain, raconte ce qu'elle a vécu :

Émilie était ma voisine à Saint-Stanislas. Je l'ai connue, car c'était une très bonne amie de ma mère... Elle était réservée, aimable et polie. C'était une femme très malade. Elle ne le disait pas, mais elle avait peur de rester seule. Vers la fin de sa vie, elle venait chez nous et allait chez madame Dessureau, sa voisine. Elle avait toujours froid. Elle portait des bottines de feutre avec de grandes jambières ; on n'en voyait plus à cette époque-là, mais elle en portait quand même.

Émilie venait dîner deux à trois fois par semaine. Elle mangeait très peu, elle était fatiguée, elle luttait pour rester elle-même. Elle parlait avec ma mère, et moi, je cousais en les écoutant.

Le premier étage de sa maison était divisé comme suit : lorsqu'on entrait par la porte principale, il y avait un passage. Le salon était à gauche. Plus loin, il y avait la salle à manger et à gauche, la chambre à coucher. Au fond, il y avait la cuisine à droite et une porte qui menait à l'extérieur.

On voyait qu'elle ne chauffait pas beaucoup chez elle, car la cheminée ne brûlait pas beaucoup. Un jour, je suis allée chez elle pour un message. J'ai remarqué qu'elle faisait croire à ses enfants que tout allait bien. En fait, elle avait transporté son lit près de la fournaise dans la cuisine ! Elle avait fermé la porte de la cuisine, elle espérait ainsi garder la chaleur dans la pièce. Je suis absolument certaine qu'aucun de ses enfants n'aurait toléré cette situation, s'ils avaient été au courant. Elle chauffait avec du bois fin ; on appelait ça des croûtes. C'est un bois qui chauffait vite, mais ça ne faisait pas de braise.

Elle ne disait pas à ses enfants qu'elle était malade, elle ne voulait pas que ses enfants (le) sachent (...). Elle disait à ma mère : « Ils ont assez de leur vie, ils ont assez de leurs tracas, ils n'ont pas besoin de le savoir. » Elle allait d'ailleurs souvent chez le médecin. Ses enfants n'ont jamais su à quel point elle a souffert dans ses derniers temps, juste avant que sa fille Blanche vienne la chercher pour l'emmener habiter chez elle.

Elle parlait souvent de ses enfants, elle craignait qu'ils aient manqué de quelque chose.

Moi, je l'ai connue résignée, abattue par la vie et non comme une femme dure. Elle avait fini de se battre, ses enfants étaient bien et heureux. Émilie aimait beaucoup causer avec ma mère, mais elle ne se plaignait jamais de personne.

Quand la maladie s'empare d'Émilie, garder son équilibre devient problématique : elle tombe parfois par terre et urine du sang. Sa fille Blanche, qui a les compétences pour lui prodiguer les soins adéquats, vient donc la chercher à Saint-Stanislas pour l'emmener chez elle, à Saint-Lambert. Elle est hospitalisée quelque temps, mais c'est chez Blanche qu'elle vit ses derniers moments.

Chez Blanche, quelques mois
avant sa mort, Émilie est radieuse.
(Photo préférée de Nathalie Jean.)

Émilie entourée de ses filles.
De gauche à droite : Marie-Ange,
Jeanne et Rose. Assises : Émilie et Rolande.

En août 1946, Émilie est enfin une femme heureuse. Elle est entourée de ses six filles. Pas une seule ne manque à l'appel : toutes se sont déplacées à Saint-Lambert pour rendre visite à leur mère.

Émilie se bat énergiquement jusqu'à la toute fin. Elle se sait malade, mais pour ne pas inquiéter davantage ses enfants, elle se tait. Quatre mois plus tard, soit le 28 décembre 1946, elle s'éteint doucement, victime d'un cancer des reins...

Son corps est transporté par le train jusqu'à la gare de Saint-Stanislas. Elle est exposée dans l'église ; c'est d'ailleurs la seule femme à y avoir eu droit. Napoléon Bordeleau, dont la maison est décorée pour Noël, n'a pas l'espace voulu pour y exposer sa sœur. Le cercueil d'Émilie est déposé à l'avant de l'église où beaucoup viennent lui rendre un dernier hommage. Lors des funérailles, les fenêtres sont recouvertes de cartons noirs, comme c'est la coutume à l'époque. Les chants pendant la cérémonie sont tous en latin.

Rolande, la benjamine, ne peut assister aux funérailles. Elle est sur le point d'accoucher et son médecin lui déconseille de quitter l'Abitibi, car elle risque de donner naissance à son bébé dans le train. Rolande ne peut donc dire un dernier adieu à sa mère.

Ovila brille également par son absence lors des funérailles. On prétend qu'il est très malade, ce qui expliquerait sa décision de ne pas se déplacer.

On dépose le corps d'Émilie dans un charnier, le sol étant gelé ; on l'enterrera plus tard à côté de ses parents, Caleb et Célina, dans le cimetière de Saint-Stanislas.

Pierre tombale d'Émilie
à Saint-Stanislas.

Acte de décès d'Émilie.

Acte de décès d'Émilie

Le trente et un Décembre mil neuf cent quarante six, Nous, Prêtre, Vicaire, Soussigné, avons inhumé dans le cimetière de cette paroisse le corps de Émilie Bordeleau, épouse de Ovila Pronovost, décédée à St-Lambert Comté de Chambly le vingt huit courant à l'âge de soixante et sept ans munie des Sacrements de l'Église. Présents à l'inhumation : Émilien Pronovost et Émile Couture soussigné avec nous.

Lecture faite
G. Émilien Pronovost
C. Émile Couture
André Morin, Ptre Vic

St-Stanislas (DNC)
Dernièrement eurent lieu en l'église paroissiale les funérailles de Mme Ovila Pronovost, née Émilie Bordeleau, décédée à Saint-Lambert, à l'âge de 67 ans, après une très longue maladie. Elle laisse dans le deuil outre son époux neuf enfants: M.Émilien de La Sarre, MM. Paul et Clément de Cadillac, Mme Albert Maillet (Rose), Mme Georges Boulanger (Marie-Ange) de Montréal, Mme Émile Couture (Blanche) de Saint-Lambert, Mme Adrien Audet (Jeanne) de La Sarre, Mme Henri Boisvert (Alice) de Rouyn, Mme Lionel Buteau (Rolande) de Cadillac; ses gendres et belles-filles.

La levée du corps fut faite par M. l'abbé André Morin, vicaire de la paroisse qui chanta également le service assisté de MM. les abbés A. Bellemare curé de la paroisse et Henri-Paul Massicotte, professeur au Séminaire Saint-Joseph des Trois-Rivières comme diacre et sous-diacre. Les porteurs étaient MM. Henri Desruisseault, David Foley, Tancrède Dessureault et Léopold Magny.

La croix était portée par M. Narcisse Bordeleau. La quête fut faite par Henri Dessureault et David Foley. Dans l'assistance on remarquait: M. et Mme G. E. Pronovost, Mme Adrien Audet, M. Rosaire Bordeleau de La Sarre, M. et Mme C. E. Couture, de Saint-Lambert. Mme Albert Maillette, Mme Georges Boulanger de Montréal, M. et Mme Henri Boisvert de Rouyn, M. Paul Bordeleau, M. et Mme Honoré Bordeleau de St-Stanislas, M. Omer Baribeau, Mlle Madeleine Baribeau de Ste-Geneviève, M. Émile Pronovost, M. et Mme Charles Pronovost, M. Benoît Dupuis de St-Tite, Mlle Élisabeth Bordeleau de Lamorandière, Mlle Françoise Bordeleau de Montréal, M. Gaston Bordeleau, Mlle Berthe Bordeleau, Mlle Adrienne et MleMarie-Rose Bordeleau de St-Stanislas, Mme Narcisse Pronovost, M. et Mme Xavier Dessureault, Mme J. E. Mongrain, Mlle Monique Mongrain, Julienne Trtudel, M. et Mme Albany Beauvillier, M et Mme Benoît Magny, Mlle Monique Dessureault, Mlle Thérèse Mongrain, Mme Louis Côté, Mme Odilon Hamelin, M. Adélard Mongrain, M. et Mme François Brouillette, M. et Mme Léopold Mongrain, Mme Dosithé St-Arneault, Mme Ernest St-Arneault, Mme Bruno Cossette, Mme Frédéric Cossette, M. et Mme Wilbrod Mongrain, M. et Mme Gédéon Gagnon, Mme Émérie Lacoursière, M. Élzéar Déry, M. et Mme Wilfrid Déry, M. Théophile Dessureault, M. Ephrem Rousseau et beaucoup d'autres dont les noms vous échappent.

À la famille en deuil nos sympathies.

Annonce du décès d'Émilie, 1946.

Chapitre 15

Une passion nommée Ovila Pronovost

O n ne vit vraiment la passion qu'une seule fois dans toute sa vie, semble-t-il. Émilie Bordeleau en a vécu une, et cette passion s'appelait Ovila Pronovost...

Ovila est né le 24 mars 1882 à Saint-Tite. Baptisé Charles en l'honneur de son parrain Charles Bédard, il portera plusieurs prénoms au cours de sa vie : Alvida sur l'acte de mariage ; Ovila sur divers documents où il signe comme témoin, par exemple au mariage de sa fille Alice. Sa famille et ses amis, pour leur part, l'appellent Ovila.

Ovila au début des années 50[1].

Acte de baptême de Charles (Ovila) Pronovost.

---

1. Malheureusement, l'auteure n'a pu trouver de photos représentant Ovila jeune et ce, malgré de longues recherches. Il semble que ces photos aient été malencontreusement détruites.

Acte de baptême de Charles (Ovila) Pronovost

Le vingt-cinq Mars mil-huit-cent-quatre-vingt-deux, nous prêtre curé soussigné, avons baptisé Joseph Charles né hier du légitime mariage de Dosithé Pronovost cultivateur, et de Félicité Bédard, de cette paroisse. Parrain, Charles Bédard, Marraine Obéline Pronovost qui ainsi que le père ont déclaré ne pas savoir signer.

Ovila est un homme plutôt solitaire qui ne parle pas beaucoup. Il a plusieurs talents cachés, dont le chant, la guitare et le violon.

De stature imposante, il est, à une certaine époque, le plus bel homme du village. Ses yeux bleu vert séduisent plusieurs femmes des environs, mais c'est sa « maîtresse d'école » qu'il épouse à l'âge de 19 ans à peine.

Une blessure intérieure l'empêche de prendre soin convenablement de sa famille, de sorte que, après 17 ans de vie commune, c'est la rupture entre lui et Émilie. Son départ pour l'Abitibi creusera un gouffre de plus en plus profond entre eux. À partir de cet instant, Ovila commence à se laisser mourir à petit feu.

En 1921, Ovila est poursuivi en justice par monsieur Ivanhoe Frigon, un marchand à qui il doit la somme de 246,65 $[1].

Demandeur : Ivanhoe Frigon, marchand, du village d'Amos
Défendeur : Ovila Pronovost, du dit village d'Amos
Tiers-saisi : Jos. Turcotte, industriel, du même endroit

Je, Ivanhoe Frigon, marchand, du village d'Amos, étant dûment assermenté, dépose et dis :

1. Je suis le demandeur ;

2. Par un écrit sous seing privé, fait et signé à Amos le 9 septembre 1920, le dit écrit produit avec les présentes, le défendeur reconnaissait me

---

1. Procès d'Ovila Pronovost. ANQ, Québec. Cour supérieure, nº 3287.

devoir la somme de $197.00 qu'il promettait me payer avec intérêt au taux de 8 %, et pour garantir le paiement de la dite somme avec intérêt, le dit défendeur s'engageait à ne point vendre sans ma permission une centaine de cordes de bois de pulpe qu'il représentait avoir sur les lots 15 et 16 du canton Barraute, et advenant la vente de son bois, tel que dit plus haut, le dit défendeur s'engageait à me faire payer de préférence sur le produit de la dite vente, tel que le tout appert à l'écrit produit avec les présentes et signé par le défendeur lui-même ;

3. Le défendeur me doit toujours la somme de $197.00, plus les intérêts depuis le 9 septembre 1920 au taux de 8 % ;

4. Le défendeur a vendu ces jours derniers au tiers-saisi le bois qui servait à garantir ma dette sans ma permission et hors de ma connaissance et sans mentionner au dit tiers-saisi le montant qu'il me devait ni l'autoriser à m'en faire paiement ;

5. Le tiers-saisi a déjà fait paiement au défendeur d'une partie du prix de vente, ne lui devant plus qu'une balance, et sans une saisie-conservatoire pour faire mettre sous la main de la justice la dite balance, je serai privé de l'exercice de mes droits contre le défendeur ;

6. La conduite du défendeur m'oblige à me pourvoir en justice par voie de saisie conservatoire.

Assermenté devant moi. Et j'ai signé, à Amos, ce 5 janvier 1921,
Ivanhoe Frigon
C.A. Lafrance
C.C.S.D. Québec

Ovila ne se présente pas en cour et reçoit un avis (« défaut de comparaître ») le 4 février 1921. Cet incident prouve le manque de responsabilité d'Ovila. Cependant, il était loin d'être un homme méchant. Ovila est plutôt un homme-enfant, qui était terrorisé par les responsabilités de la vie. La boisson lui permet de fuir la réalité, devenue trop dure pour lui, car il souffre beaucoup d'être séparé de sa famille.

Ovila aime vraiment son Émilie, mais il l'aime très mal. Il est beaucoup trop différent d'elle. Ovila a épousé sa « maîtresse d'école », celle qui lui donnait des ordres alors qu'il n'était qu'un enfant. Contrairement à lui, Émilie est forte et capable de prendre des décisions. C'est une femme à l'avant-garde de son temps qui, contrairement aux autres femmes de l'époque, ne laisse pas son mari décider de l'avenir de ses enfants si ces derniers risquent d'en souffrir.

L'impact psychologique qu'Émilie exerce sur lui, alors que, à l'époque surtout, l'homme doit être le maître du foyer, détruit de plus en plus Ovila. Plus elle s'acharne à lui faire prendre des décisions, plus elle l'éloigne d'elle.

Émilie sait que son mari a des dettes. Peut-être cela a-t-il joué contre lui. Quand on connaît le sens des responsabilités d'Émilie, on peut facilement comprendre qu'une telle situation ait pu lui paraître insupportable. Ovila a déjà dû fuir Shawinigan pour cette raison ; va-t-il passer le reste de sa vie à s'enfuir et à contourner la loi ? Émilie est certaine d'une chose cependant : elle ne veut plus vivre ça.

Séparé de sa femme, Ovila réussit à ne garder contact qu'avec un seul de ses neuf enfants : Émilien. Ovila contribue même à la construction du magasin de vêtements de son fils, à La Sarre.

Vers 1925-1930, Ovila est victime d'un grave accident de la route dans la ville de La Tuque. Il subit des fractures de la colonne, au bassin et aux deux jambes, qui lui laissent une claudication. Puis, beaucoup plus tard, ses membres inférieurs paralysent et il se voit confiné au fauteuil roulant.

Monsieur Moncalm Giones, qui a connu Ovila au cours de cette période difficile, témoigne :

J'ai connu Ovila en 1934, j'avais 11 ans. Ovila était garde-feu au lac Duparquet. Je l'ai vu trois ou quatre fois seulement, mais mon père le connaissait bien. Je me souviens qu'il boitait suite à un grave accident. Nous, les jeunes, nous l'appelions « Patte de bois ». Il habitait au lac avec une Indienne. J'étais un peu jeune, mais je me souviens parfaitement bien d'Ovila Pronovost.

Ovila habite alors au 710, Lac-Duparquet à Duparquet. Au cours de sa vie, il a travaillé à plusieurs endroits. Il a fait les chantiers de bûcherons, en outre au lac Pierre-Paul. Il a travaillé à la Belgo (fabricant de papier) à Shawinigan, puis a pris le poste de garde-feu au lac Duparquet, en Abitibi, entre autres emplois.

En 1935, on retrace Ovila au Lac-à-la-Tortue, où il est en visite chez sa sœur Éva. À cette occasion, il assiste à l'anniversaire d'un certain Adolphe Dupont. À ce moment-là, il demeure à Hérouxville, en Mauricie.

On ne connaît pas les raisons qui font qu'Ovila ne cherche pas à revoir sa famille tandis qu'il habite tout près d'eux.

On perd ensuite sa trace jusqu'en 1951. À cette époque, on le retrouve à Montréal. Il habite *Aux portes du ciel*, un foyer pour les personnes âgées qui sont sans domicile et sans ressources financières. Le foyer est situé au 420, rue Saint-Paul Est, dans le Vieux-Montréal.

Emplacement du foyer où habitait Ovila,
sur la rue Saint-Paul, à Montréal.

On ignore ce qui a poussé Ovila à venir vivre en ville. Probablement souhaitait-il se rapprocher de certaines de ses filles qui habitent la métropole, mais c'est sans succès.

Le 30 octobre 1951, à 22 h, il se présente à l'hôpital Saint-Luc, à Montréal. Il y restera 9 jours. On raconte que :

Tous (sont) *assurés de recevoir à l'hôpital Saint-Luc les soins nécessaires à leur état. Des lits sont à la disposition des vagabonds malades amenés à l'hôpital. Ils* (sont) *amenés par des policiers au 3e Sud, l'étage des hommes.*

L'hôpital Saint-Luc, à Montréal, où est décédé Ovila.

Le 8 novembre 1951, à 7 h 45, Ovila meurt des suites d'une hémorragie cérébrale. Il souffrait d'un cancer généralisé qui s'était formé à partir d'une plaie à la lèvre qui ne guérissait pas depuis 1947. Ovila aimait fumer la pipe, et c'est ce qui aurait causé cette plaie.

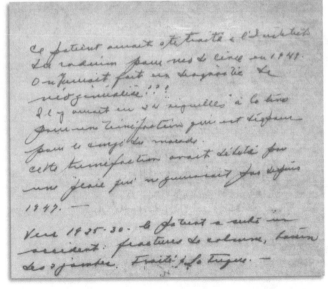

Dossier médical d'Ovila.

Dossier médical d'Ovila.

Autorisation donnée par
Rolande Pronovost Buteau à Nathalie Jean.

Un neveu d'Ovila, Jean-Louis Veillette, raconte :

Avant de mourir, Ovila tenait fermement un chapelet noir contre lui. Il pleurait beaucoup, mais ne se plaignait jamais. La seule chose qu'il osait demander, c'était une cigarette de temps en temps.

Acte de décès d'Ovila (Alvida) Pronovost.

Le corps d'Ovila fut transporté à Saint-Tite par le train en provenance de Montréal. Dans le cimetière où il repose, il ne subsistait jusqu'à tout récemment qu'une simple croix de bois pour marquer sa dernière demeure. Puis, le terrain non entretenu par la famille est abandonné.

Acte de décès d'Alvida Pronovost

Le dix novembre, mil neuf cent cinquante et un, nous prêtre vicaire soussigné, avons inhumé dans le cimetière de cette paroisse, le corps de Alvida Pronovost, rentier, époux de feue Émilie Bordeleau de Montréal, décédé à Montréal, à l'âge de soixante et neuf ans, le sept courant, muni des Sacrements de la Sainte Église. Présents à l'inhumation : Émile, Oscar Pronovost, frères du défunt, Émilien, son fils soussigné avec nous. Lecture faite.

Émile Pronovost   Émilien Pronovost
Oscar Pronovost   Jean-Noël Trudel Ptre Vic

En 1991, Sylvain Chenevert, propriétaire de la firme Les monuments de l'or blanc, en Mauricie, a offert à Rolande une stèle à la mémoire d'Ovila. Rolande repose aujourd'hui pour l'éternité auprès de son époux et de son père.

Ovila Pronovost
repose à Saint-Tite.

Chapitre 16

Les enfants d'Émilie

De gauche à droite : Jeanne, Blanche et Rolande. Debout :
Émilien. Derniers enfants vivants d'Émilie lors de la diffusion
de la série télévisée *Les Filles de Caleb*.

Rose Alma Pronovost Mallette

Rose est la première fille d'Émilie et d'Ovila. Les complications survenues lors de sa naissance lui laissent quelques séquelles neurologiques, de sorte que Rose restera « un peu plus lente que les autres » sur le plan de l'apprentissage.

Le 27 mars 1941, à Montréal, elle épouse Albert Omer Mallette, charpentier menuisier, veuf et père de deux enfants. Après leur mariage, ils s'installent au 1447, rue William-Davis à Montréal. La journée de ses noces, Rose est âgée de 37 ans ; son conjoint, lui, est âgé de 48 ans.

Rose Alma Pronovost Mallette

Acte de mariage de Rose.

Acte de mariage de Rose Alma Pronovost et d'Albert Omer Mallette

Le vingt-sept mars mil neuf cent quarante et un, vu la dispense de trois bans de mariage accordée par l'Ordinaire de ce diocèse à Albert Omer Mallette charpentier menuisier, de la paroisse de Saint Nom de Jésus veuf de Alice Blette, fils majeur de feu Zéphirin Mallette et de feu Délima Rocheleau, d'une part ; et à Marie Rose Alma Pronovost, célibataire de la paroisse de Saint Nom de Jésus, fille majeure de Alvida Pronovost et de Emélie Bordeleau, de la paroisse St-Stanislas, Co. Champlain, Qué. D'autre part ; ne s'étant découvert aucun empêchement, nous, prêtre soussigné, vicaire de cette paroisse et dûment autorisé par l'Ordinaire, avons requis et reçu leur mutuel consentement et avons béni leur mariage en présence de André Paradis, témoin de l'époux et de Irénée Desjardins, témoin de l'épouse lesquels ainsi que les époux ont signé avec nous. Les parties ont déclaré avoir signé un contrat de mariage devant maître Eugène Prieur notaire à Montréal. Lecture faite.

Rose Alma Pronovost   André Paradis
Albert Mallette   Irénée Desjardins

Rose, qui ne donnera jamais naissance à un enfant, veillera toutefois sur l'éducation des deux enfants issus du premier mariage de son époux.

Le 3 décembre 1974, soit neuf mois après le décès de son conjoint, elle meurt des suites d'une complication pulmonaire consécutive à une grippe. Elle souffrait depuis quelque temps déjà de la maladie de Parkinson. Ses funérailles ont eu lieu le 7 décembre à Saint-Lin. Rose repose maintenant au cimetière de la Côte-des-Neiges à Montréal.

Marie-Ange Pronovost Boulanger

Le 8 juin 1939, à Montréal, Marie-Ange épouse un homme beaucoup plus vieux qu'elle, Georges Henri Boulanger. Leur fille Aline est alors âgée de 13 ans. Marie-Ange a 34 ans ; son époux en a 53.

Marie-Ange Pronovost
Boulanger

Acte de mariage de Marie-Ange.

Acte de mariage de Marie-Ange Pronovost et de Georges Henri Boulanger

Jeudi le huit juin mil neuf cent trente neuf, vu la dispense des trois bans, accordée par l'ordinaire du lieu, en date du sept courant, entre Joseph Georges Henri Boulanger, agent-manufacturier, né à Ste-Agathe, co. de Lotbinière, et domicilié à Ste-Philomène de Rosemont, fils majeur de feu Octave Boulanger, et de feue Octavie Lachapelle, de leur vivant de Ste-Agathe de Lotbinière, d'une part ; et Marie-Ange Pronovost, née à St-Tite, co. de Laviolette et domicilié à Ste-Philomène de Rosemont, fille majeure de Alvida Pronovost et d'Émilie Bordeleau, domiciliés dans l'Abitibi, d'autre part ; ne s'étant découvert aucun empêchement ni opposition, nous, prêtre soussigné, vicaire de cette paroisse N.D. du T.S. Sacrement, du consentement du curé de Ste-Philomène de Rosemont, avons requis et reçu leur mutuel consentement et avons béni leur mariage, en présence de Gérard Boulanger, témoin de l'époux, et de maître Charles H. avocat, ami et témoin de l'épouse, lesquels ainsi que les époux ont signé avec nous. Lecture faite. Les époux ont confirmé avoir signé un contrat de mariage en présence de maître J.A.D. Touzin, notaire, résidant rue St-Gabriel, Montréal.

Pendant quelques années, ils sont tous deux propriétaires d'une mercerie située sur la rue Ontario à Montréal. Puis c'est la faillite, et Henri décide d'entrer dans l'armée pour subvenir aux besoins de sa famille.

Le mari de Marie-Ange devant son commerce.

Marie-Ange est très près de sa sœur Blanche, et elle a toujours une bonne pensée pour ses frères et sœurs. Outre son talent de conteuse, Marie-Ange possède aussi un immense talent pour le dessin.

Elle meurt le 10 février 1984 à Montréal et est inhumée le 13 février. Lors de son décès, elle laisse dans le deuil sa fille unique Aline, épouse de Florient Bonnier, et quatre petits-enfants : Pierre, Yves, Claude et Manon. Elle repose au cimetière Saint-Francois-d'Assise, anciennement le cimetière de l'Est à Montréal.

Marie-Ange et son oncle, Oscar Pronovost.

Joseph Émilien Léo Pronovost

Joseph Émilien Léo
Pronovost

Émilie et son fils
Émilien vers 1918.

Émilien est le premier garçon d'Émilie et d'Ovila. C'est un enfant extrêmement sensible, vraiment très peu doué pour l'école.

Émilien se rend en Abitibi au début des années 1920. Plus tard, il y tient un magasin de vêtements pour hommes et femmes. Ayant suivi des cours d'aviation à Saint-Hubert, il se lance, en 1955, dans la vente de petits avions aux prospecteurs miniers et forestiers (La Sarre Air Service, qu'on connaît aujourd'hui sous le nom de Prospair).

Il exploite également une compagnie de téléphone (La Sarre Téléphone). Homme d'affaires prospère, il devient millionnaire. Il en a fait du chemin depuis ces années où il travaillait à la fromagerie de Saint-Tite pour 25 cents par jour !

Le 29 juin 1938, Émilien épouse Bernadette Mercier à La Sarre, en Abitibi. Sa mère brille par son absence, mais son père Ovila est là, à ses côtés.

Acte de mariage d'Émilien.

Acte de mariage d'Émilien Pronovost et de Bernadette Mercier

Le vingt neuf juin mil neuf cent trente huit vu la dispense de deux bans de mariage accordée par Mgr l'évêque du lieu et après la publication du troisième ban faite au prône de notre messe paroissiale, entre Émilien Pronovost fils majeur de Alvida Pronovost et de Emélie Bordeleau de cette paroisse d'une part ; et Bernadette Mercier fille majeure de Edmond Mercier et de Régina Couture de cette paroisse d'autre part ; ne s'étant découvert aucun empêchement au dit mariage, nous prêtre vicaire soussigné avons requis et reçu leur mutuel consentement de mariage et leur avons donné la bénédiction nuptiale en présence de Alvida Pronovost et de Edmond Mercier pères des époux, lesquels ainsi que les époux ont signé avec nous. Lecture faite. Les époux ont déclaré avoir un contrat de mariage.

Alvida Pronovost   Bernadette Mercier
Edmond Mercier   F. Biron Ptre vic.
Émilien Pronovost

Émilien et Bernadette le jour de leur mariage en 1938.

De ce couple naissent six enfants : Jean, marié à Hélène Gélinas ; Claire, mariée à Barry Foster ; Louis, marié à Danielle Morissette ; Lise, mariée à Michel Rheault et René LeGrand ; Marthe, mariée à Luc Nadeau ; Marie-Claude, mariée à Yves Beaudet.

Émilien est décédé le 11 janvier 1993 en Abitibi.

Joseph Paul-Ovide Pronovost

Joseph Paul-Ovide Pronovost

Paul-Ovide (Paulo) poursuit des études supérieures au séminaire de Trois-Rivières, de 1925 à 1929, afin de devenir prêtre.

Au collège, les jeunes ont beaucoup de difficulté à le faire participer aux activités sportives. Il a, semble-t-il, les mains pleines de pouces ! C'est un homme solitaire qui préfère exercer ses talents en peinture. Il montre aussi des aptitudes pour certaines matières et remporte à plusieurs reprises des prix en version latine et en composition.

Puis, Paul-Ovide devient marchand-comptable à Villebois, en Abitibi. Cette ville lui doit d'ailleurs son nom : c'est lui qui l'a proposé.

Il meurt du diabète le 23 février 1955 à Montréal, après avoir perdu une jambe. Il est inhumé le 26 février 1955 et repose au cimetière Saint-Francois-d'Assise à Montréal.

À droite, Paul-Ovide
à Villebois.

Au séminaire de Trois-Rivières.
À gauche, Paul-Ovide.

Paul-Ovide entouré
de ses camarades au collège.

Joseph Georges Clément Pronovost

Joseph Georges
Clément Pronovost

Clément a beaucoup de difficulté à accepter le départ de son père, auquel il ressemble énormément. Solitaire comme lui, il ne fréquente pas beaucoup sa famille. Émilie reste donc parfois sans nouvelles de son fils pendant des mois. Comme pour Ovila, personne ne peut se vanter de connaître vraiment Clément Pronovost.

Pendant des années, Clément travaille dans le bois l'hiver comme mesureur forestier. Lorsqu'il revient à Saint-Tite, il pensionne à l'hôtel Grand Nord.

Il porte une affection particulière à sa cadette, Rolande, qu'il aime gâter en lui donnant quelques sous pour qu'elle s'achète des bonbons.

On retrace Clément du 2 au 9 juillet 1940, alors qu'il est de passage à l'hôpital Saint-Joseph de La Tuque pour faire soigner une infection à la main gauche. À ce moment-là, il travaille pour la B.C. de Sanmaur. Il décède en 1957 à Port-Cartier.

Marie Jeanne Emma Pronovost Audet

Marie Jeanne
Emma Pronovost Audet

Les années que Jeanne passe comme pensionnaire au couvent sous le statut d'orpheline la marquent particulièrement. Elle souffre de se faire rappeler continuellement qu'on la garde par charité.

Jeanne, qui désire devenir infirmière comme Blanche, rejoint sa sœur à Montréal. Elle suit son cours d'infirmière au même endroit que Blanche, soit à l'hôpital Notre-Dame. Après deux ans de formation, et malgré le fait qu'elle soit immunisée contre les maladies, sa santé fragile l'empêche de continuer son cours. Plus tard, elle se rend à Villebois en Abitibi, où elle a la chance de seconder sa sœur Blanche dans son dispensaire d'infirmière.

Puis Jeanne enseigne auprès de sa mère, entre autres à Lac-aux-Sables. C'est une très bonne institutrice.

Le 11 juin 1938, elle épouse Adrien Audet, au canton Rousseau en Abitibi. Elle l'a rencontré alors qu'elle secondait Blanche, le dispensaire de « Garde Pronovost » servant d'hôtel pour les visiteurs. Elle a eu un coup de foudre pour cet homme de passage à Villebois.

Jeanne est décédée le 16 décembre 1999 à l'âge de 87 ans. Il ne reste donc plus aucun enfant vivant d'Émilie et d'Ovila...

Jeanne et sa fille Micheline.

Jeanne Pronovost Audet

La dernière survivante
des enfants d'Émilie.

À la douce mémoire de
Jeanne Pronovost
épouse de feu Adrien H. Audet
décédée le 16 décembre 1999
à l'âge de 87 ans et 6 mois

Les Mères ne meurent pas !

J'ai vu le voile épais du brouillard éteindre sans pitié la flamme vigilante des phares...
Mais les yeux des Mères ne se ferment pas !
Le cœur des Mères, abîme sans fond de tendresse, foyer de générosité et de dévouement...
Mais le cœur des Mères ne s'arrête pas !
Pourtant les Mères sont toujours là car en vérité, les Mères ne meurent pas !

Lors du décès de Jeanne.

Marie Alice Antoinette Pronovost Boisvert

Marie Alice Antoinette
Pronovost Boisvert

Alice n'a pas eu la vie facile... Très tôt, elle doit faire face à de grandes épreuves. Deux événements l'ont particulièrement marquée : le départ de son père, Ovila, et la mort de son jeune fiancé.

Le 15 septembre 1937, Alice épouse Henri Boisvert à Saint-Stanislas. Grande romantique, elle tient absolument à ce que son père soit son témoin pour ce grand jour. Ovila accepte et c'est au bras de son père qu'Alice fait son entrée dans l'église.

Acte de mariage d'Alice.

Acte de mariage d'Alice Pronovost et d'Henri Boisvert

Le quinze septembre, mil neuf cent trente sept, vu la dispense de publication de deux bans de mariage, accordée le six du présent mois par l'Ordinaire du diocèse, vu aussi la publication du deuxième ban faite au prône de notre messe paroissiale entre Henri Boisvert fils majeur de Léonidas Boisvert et de Léonie Audet de La Sarre, Abitibi, d'une part, et Alice Pronovost, fille majeure de Alvida Pronovost et de Emélie Bordeleau de cette paroisse, d'autre part ; ne s'étant découvert aucun empêchement à ce mariage, semblable publication ayant été faite dans la sudite paroisse comme il appert par un certificat du curé du lieu, nous prêtre vicaire soussigné avons requis et reçu leur mutuel consentement de mariage et leur avons donné la bénédiction nuptiale en présence de : Alvida Pronovost, père et témoin de l'épouse et de Alphonse Boisvert, frère et témoin de l'époux, lesquels ainsi que les époux ont signé avec nous. Les parties ont déclaré avoir signé un contrat de mariage devant Me R. Béliveau n.p. Lecture faite.

Alice Pronovost	Alphonse Boisvert
Henri Boisvert	Albert Desjarlais Ptre Vic
Ovila Pronovost	

Alice le jour de son mariage. En fait, cette photo a été prise plusieurs mois après le mariage, le photographe étant absent ce jour-là. Alice et Henri ont donc vêtu de nouveau leurs habits de noce pour cette séance de photos inhabituelle. Seul le bouquet de la mariée n'est pas identique à celui qu'Alice tenait en main le 15 septembre 1937. Photo de droite : Alice et son époux, Henri Boisvert.

Alice fait preuve d'un courage extraordinaire. Elle s'occupe avec amour de sa fille handicapée.

À sa mort, Alice laisse dans le deuil Jacqueline (Cameron McArthur), Nicole, Hélène et Louise, de même que deux petits-enfants, Anne et Dale.

Marie Rolande Laurette Pronovost Buteau

Marie Rolande Laurette
Pronovost Buteau

Rolande est la benjamine de cette nombreuse famille. Son père étant parti quelques mois après sa naissance, elle ne l'a jamais connu. Elle se souvient de ne l'avoir rencontré que deux fois.

Toute jeune, Rolande a la chance d'avoir sa mère Émilie comme institutrice jusqu'à l'âge de 13 ans, puis elle devient pensionnaire au couvent de Saint-Tite. Rolande vit donc une enfance heureuse. Elle est la seule de la famille à ne pas subir la honte d'étudier sous le statut d'orpheline, ses frères et sœurs payant pour elle.

Rolande épouse Lionel Buteau le 26 décembre 1942 à Saint-Michel-Archange, en Abitibi. C'est elle qui ressemble le plus à sa mère et ce, à tous points de vue. Tout comme sa mère, elle embrassera la carrière d'institutrice pendant 23 ans. Elle enseignera dans plusieurs municipalités et recevra de nombreuses primes ainsi que des lettres d'appréciation remarquables.

Rolande est décédée le 19 février 1997.

À Nathalie. Que la vie
t'apporte tous les bon-
heurs que tu mérites.
Mes pensées
sont souvent avec toi.
Amitiés
Rolande Pronovost

Une carte que Rolande avait elle-même fabriquée
et envoyée à l'auteure.

*Lors de la perte inestimable
de notre chère maman*

Rollande Pronovost Buteau

*nous vous sommes
extrêmement reconnaissants
de votre bienveillance
à notre égard.*

*Ses enfants
Michèle, Gynette, Gilles
Denise et Nicole
ainsi que ses petits-enfants*

Toronto, le 19 février 1997

Carte de remerciements que l'auteure a reçue
à la suite de sa visite au salon funéraire.

Chapitre 17

Blanche Pronovost

Marie Blanche Luncinda Pronovost est le cinquième enfant d'Émilie Bordeleau et d'Ovila Pronovost.

Au début de sa carrière, elle enseigne durant trois ans avec sa mère Émilie dans une école de rang, à Saint-Tite, avant de se rendre à Montréal dans l'espoir de devenir médecin.

Elle demeure quelque temps chez sa sœur Marie-Ange qui habite au 3275, rue Ontario Est. Marie-Ange et son conjoint, Georges Boulanger, sont propriétaires d'une mercerie pour hommes, la mercerie Boulanger.

Commerce ayant appartenu à Marie-Ange et à son époux. Blanche a habité chez sa sœur et son beau-frère lors de son arrivée à Montréal.

Comme à cette époque il n'y a pratiquement aucune femme « docteur » et que les moyens financiers de Blanche ne lui permettent pas de se payer des études en médecine, il lui est impossible d'atteindre son but.

Elle décide alors d'étudier à l'école d'infirmières de l'hôpital Notre-Dame, de 1931 à 1933. Elle habite donc une chambre d'étudiante située dans les murs mêmes de l'hôpital et perçoit un maigre salaire. Elle occupera aussi une petite chambre dans une pension située sur la rue Sherbrooke. Elle reçoit son diplôme le 22 avril 1935.

Rue Sherbrooke. Pension où Blanche
a occupé une chambre à l'époque où
elle étudiait pour devenir infirmière.

L'hôpital Notre-Dame à Montréal.
Blanche y a suivi son cours d'infirmière.

Par la suite, Blanche travaille un certain temps en pratique privée au service des gens riches d'Outremont et de Westmount. En raison de l'ingratitude que certaines gens lui démontrent, elle décide de partir pour l'Abitibi dispenser ses soins aux plus démunis.

En 1936, Blanche Pronovost devient la première infirmière de Villebois (50 kilomètres au nord de La Sarre, en Abitibi). Là-bas, dans cette paroisse naissante, son travail se rapproche drôlement de celui d'un médecin. Elle doit voir à tout : accouchements, extractions de dents, membres à panser, etc.

J'ai retracé une allocution prononcée par Blanche à l'occasion du 50e anniversaire de Villebois[1].

J'aime revenir par la pensée sur cette période de ma vie écoulée en plein cœur de la forêt abitibienne avec des familles singulièrement attachantes. L'impression m'est restée très vive, et les années n'ont su que la fortifier, d'avoir vécu là une vie abondante, une vie enrichie, non seulement par les événements journaliers, mais par l'ensemble des efforts de tous et chacun. J'ai eu la sensation d'être emportée par un courant, d'être associée à l'édification d'une paroisse, à l'agrandissement d'une province. Inutile de l'ajouter, cette participation m'a apporté un réconfort intérieur dont le goût ne s'est pas affadi avec les années.

18 mars 1936... J'entre en gare à La Sarre où m'accueille avec des accents de joie et d'encouragement celui que l'on convient de nommer le « chef de district », monsieur Louis Simard. Après une courte visite au bureau des terres, monsieur Simard me fait monter à bord de son auto-neige pour me conduire au canton Rousseau. Voyager dans ce genre d'auto était en soi toute une expérience, un contraste assez frappant avec les moyens de transport de Montréal.

---

1. Texte écrit de l'allocution prononcée par Blanche dans le cadre du 50e anniversaire de Villebois en 1985. Société d'histoire d'Amos.

La conversation s'engage lentement... Puis, je suis transportée par la verve de mon conducteur vers un monde tout nouveau, à tel point que j'entrevoyais déjà, avec une hâte instinctive de m'y engager, la captivante besogne qui m'attendait...

La route ne me parut pas longue... en peu de temps, me semble-t-il, nous avions atteint notre destination ; nous stoppions en face de « La Cache » du rang 2 et 3 du canton Rousseau. Cette « Cache » n'avait rien d'impressionnant ; espèce de grand hangar au toit plutôt bas, elle abritait un magasin général et un bureau de poste temporaire ; elle servait en même temps de lieu de rencontres des colons et des représentants du gouvernement et d'abri occasionnel pour tous ceux-là dont l'installation n'était pas encore prête. L'infirmière Louise Gagnon, qui m'avait précédée de quelque temps, et moi-même étions du groupe.

Je m'installai tant bien que mal. « La Cache » n'offrait guère de confort et de commodités ; elle contenait par contre ce qui vaut plus que les avantages matériels, cette chaleur humaine reflétée dans des gestes accueillants qui donnent tout de suite l'impression d'appartenir. En fait, dès après le souper, je me sentis de la famille des défricheurs, remuée non seulement par le désir d'exercer ma profession, mais en plus par un esprit d'une portée plus humanisante qui commande de faire quelque chose pour le bien commun.

Si mon séjour à « La Cache » avec garde Gagnon et plusieurs autres me fut à la fois matériellement utile et psychologiquement tonifiant, je n'en restais pas moins fort anxieuse d'intégrer mon dispensaire, mon chez-moi, pour ainsi dire, ce qui ne tarda pas trop à se produire.

Dès les premiers jours qui suivirent l'ouverture, les visiteurs y furent nombreux, qui pour un mal de gorge, qui pour une entaille à la jambe ou au pied, qui pour un mal de dents ou un mal d'oreille, qui, enfin, pour un vaccin quelconque.

De dimensions raisonnables, ma maison garantissait un bien-aise corporel suffisant et j'en étais très contente. Sans compter que mon puits, en arrière de la maison, m'offrait de la bonne eau potable en quantité illimitée.

Mes connaissances du milieu physique et social s'agrandissaient d'un jour à l'autre. Mais l'arrivée constante de nouveaux colons recrutés par les missionnaires colonisateurs, monsieur l'abbé F.-A. Savard pour la région de Charlevoix et monsieur l'abbé Arthur Fortier pour celle de Chicoutimi, rendait impossible la tâche de se familiariser avec tous les membres de la grande famille paroissiale. Après s'être d'abord fixés dans le rang 2 et 3 et ensuite le 4 et 5, les colons s'établissaient maintenant sur les beaux lots boisés du 6 et 7.

À mon arrivée, le seul moyen de locomotion était sur ses deux jambes par des routes à peine ébauchées. En fait, l'on entrait à Rousseau par la rivière Turgeon, le chemin nous reliant à La Sarre se terminant au 10 et 1 de Clermont et Rousseau, où les colons montaient à bord des chalands pour descendre au bout des rangs qu'ils habitaient. Le reste de la route se faisait à pied. Une modeste chapelle en arrière de « La Cache » était le lieu de rencontres hebdomadaires. De petites écoles érigées en toute hâte répondaient tant bien que mal à la demande grandissante des familles ; à vrai dire, à l'exception de quelques célibataires, les familles étaient pour la plupart nombreuses et comptaient, par conséquent, plusieurs enfants d'âge scolaire.

Puis la jeune colonie vit s'ouvrir son bureau de poste dont le nom reflétait fort justement l'ambition des colons. Ils s'étaient, tous ensemble, voués à édifier en pleine forêt une magnifique ville et c'est ainsi que le bureau de poste eut nom « Villebois » à la suggestion du premier marchand du rang 6 et 7, monsieur P.-O. Pronovost (son frère).

Les moyens de se transporter dans la colonie ne cessèrent de s'améliorer régulièrement. J'utilisais de moins en moins la rivière Turgeon avec ma chaloupe poussée par son moteur hors-bord, et il était devenu assez rare que je franchisse de longues distances à pied. Pour ménager les jambes de la « garde » et lui témoigner des égards que l'on aimait croire justifiés, on lui offrit les services de la « sloupe », espèce de traîneau sur lisses fait de deux parties d'arbre recourbées à l'avant et de branches transversales fixées à ces deux arbres. En plein centre, un petit tas de foin où asseoir le passager, en l'occurrence l'infirmière, et amortir un peu les chocs de la route.

Cette « sloupe » était tirée par un cheval. En plein hiver, glissant sur la neige, elle offrait un certain confort. Mais en été, sur les rondins, il en était bien autrement pour cette partie du corps sur laquelle on s'assoit.

Un bon jour, je fis un autre pas de l'avant : l'achat d'un jeune cheval blond, ma « Tizoune », qui me permit des visites plus fréquentes de la colonie et des réponses plus promptes aux multiples appels, sans compter l'indépendance de me déplacer à mon gré.

Pour l'hiver, je me procurai un bel attelage de chiens sur un traîneau fait de skis. Le grand avantage de ce traîneau, à condition toutefois que les chiens y consentent, c'était de laisser le chemin libre aux attelages d'animaux et de se jeter à côté de la route en toute sûreté. En théorie, c'était bien ; en pratique, les plongeons dans la neige étaient assez fréquents.

Les routes continuèrent de s'améliorer, le pontage des billots suffisamment affermi pour recevoir une bonne couche de gravier, de sorte que le jour ne tarda pas à venir où Villebois fut reliée à La Sarre par voie carrossable. Ce fut une extraordinaire jouissance de voir apparaître la première voiture automobile au rang 6 et 7 du canton Rousseau.

La profession d'infirmière s'étendait sur un champ des plus vastes ; elle dépassait les attributions ordinaires : accouchements, extractions dentaires, points de suture, tout y passait ! Les fonctions étaient aussi variées que les besoins des colons. Je me souviens qu'un jour, alors que je passais, je rencontrai un groupe de colons occupés aux fossés du chemin. L'un deux se plaignit d'un mal de dents. « Faites voir la dent », lui demandai-je. Il ouvrit la bouche un peu de travers et pointa de l'index la dent rébarbative. « Voulez-vous que je vous l'enlève ? » « Allez-y, garde... » « Là, asseyez-vous sur la souche. » Sans plus de cérémonie, je sortis ma pince de ma trousse et lui enlevai sa grosse dent, à l'ébahissement de tout le groupe.

Les familles étaient accueillantes. Souvent, par crainte d'être en retard pour un accouchement, je me rendais assez à l'avance. En attendant l'arrivée du bébé, je partageais la vie de la famille, je participais à ses ambitions et je communiais à ses rêves. C'était *réconfortant de se sentir utile, d'être au service de ces familles qui, il me plaît de le dire, ne manquaient jamais l'occasion de manifester leur reconnaissance.*

Beau temps, mauvais temps, en hiver comme en été, par terre ou par eau, à cheval, en traîneau ou à pied, il fallait répondre à l'appel. D'aucuns ont prétendu qu'il y avait de l'héroïsme dans le comportement des infirmières du temps. Il n'en est rien. Les circonstances humaines et physiques dans lesquelles s'est exercée la profession au début des colonies invitaient à tel point le don de soi, le désir de servir, que la réponse à l'appel du devoir se donnait avec spontanéité et avec enthousiasme.

Le retour par la pensée aux années vécues en plein cœur de Villebois, le souvenir de ces scènes intimes où modestement évoluaient des personnages simples et sincères font encore vibrer en moi l'enthousiasme qui me réchauffait alors, et qui se joignait à la satisfaction de rendre service à quelqu'un, de contribuer à l'édification d'une œuvre... « Villebois, de toi, je ne pourrai jamais manquer de conserver un très doux souvenir... »

Blanche à Villebois, en Abitibi.

Blanche à son dispensaire.

Blanche devant son
dispensaire.

Un jour, Blanche se heurte à un obstacle de taille : sa sœur Jeanne répand accidentellement de l'huile à lampe sur le sol, ce qui provoque l'incendie de son dispensaire. Comme elle n'a pas d'assurances, elle perd tout. Le gouvernement accepte toutefois de lui reconstruire un nouveau dispensaire.

La maison de Blanche sert d'hôtel lorsqu'il y a des visiteurs. C'est de cette façon qu'elle rencontre son futur époux, Clovis Émile Couture, alors qu'il travaille pour le ministère de la Colonisation. Émile voyage dans les colonies afin de repérer des terres pour les éventuels colons.

Après de brèves fréquentations, Blanche épouse Émile Couture, le 15 décembre 1938, à Saint-Stanislas, au même endroit où sa mère Émilie a épousé son ancien élève Ovila.

Acte de mariage de Blanche.

Acte de mariage de Blanche Pronovost et d'Émile Couture

Le quinze décembre mil neuf cent trente huit, vu la dispense de deux bans de mariage accordée le dix du présent mois de l'Ordinaire du diocèse entre Émile Couture, surintendant du département de la Colonisation, fils majeur de feu Zéar Couture et de Marie Eugénie Lauzé de St-Viateur d'Outremont d'une part ; et de Blanche Pronovost, garde-malade, fille majeure de Ovila Pronovost et de Émélie Bordeleau de cette paroisse d'autre part, ne s'étant découvert aucun empêchement à ce mariage après publication faite du troisième ban au prône de notre messe paroissiale dimanche le onze décembre du présent mois et la paroisse de St-Viateur d'Outremont comme il appert par un certificat du curé du lieu, nous prêtre vicaire soussigné, avons requis et reçu leur mutuel consentement de mariage et leur avons donné la bénédiction nuptiale en présence de J.O. Pronovost, oncle de la mariée et de J.B. Lanctôt, lesquels ainsi que les époux ont signé avec nous. Lecture faite. Les époux ont déclaré ne pas avoir fait de contrat de mariage.

Blanche Pronovost J.O. Pronovost
C. É. Couture J.B. Lanctôt

Clovis Émile Couture et son épouse
Blanche Pronovost à Saint-Stanislas
au début des années 40.

Blanche et son époux chez
Émilie à Saint-Stanislas.

Après son mariage, celle que l'on surnomme le « petit doc » quitte l'Abitibi pour s'installer à loyer à Saint-Lambert. Un peu plus tard, Blanche et Émile achètent une maison sur la rue Oak, toujours à Saint-Lambert.

S'étant mariée à un âge relativement avancé, Blanche ne perd pas de temps pour fonder une famille. Deux fausses couches lui font toutefois craindre de ne pouvoir enfanter. Finalement, elle met au monde trois filles : Lyse, qui fera carrière comme infirmière ; Michèle, qui sera professeure à l'université ; et Arlette, qui deviendra romancière.

Blanche et sa fille Lyse
à Saint-Lambert.

Blanche à droite, sa sœur
Marie-Ange et sa nièce Aline.

Blanche, Émile et leurs filles.
De gauche à droite : Lyse, Arlette et Michèle.

Arlette, la fille de Blanche et la petite-fille d'Émilie.

Plus tard, c'est toujours sur la rue Oak qu'on retrouve la famille Couture, plus précisément au 392.

Voici une lettre que Blanche a écrite à son cousin Jean-Louis Veillette.

Comment vas-tu ? J'ai appris cet été que tu étais étudiant en théologie, je t'admire. Ici, tout va assez bien. La santé est bonne pour des petits vieux comme nous. Quand je pense que j'aurai 65 ans en février... Il me semble mal calculer mon âge. Émile sait toujours s'occuper, de sorte que sa retraite lui est très agréable. Je termine le recensement de notre paroisse. C'est un travail fort intéressant. Tu dois venir à Montréal de temps en temps, n'oublie pas de nous donner un coup de fil.

Émile et Blanche
Bonne année, bonne santé.

QUE LES PLAISIRS SOIENT NOMBREUX

EN CE NOËL TRÈS HEUREUX

Blanche et Émile

Souhaits de Noël de Blanche et Émile, écrits de la main de Blanche.

Une autre lettre de Blanche à son cousin
Jean-Louis Veillette.

Blanche
dans la soixantaine.

Clovis Émile Couture,
le mari de Blanche.

Patrice l'Écuyer (qui incarnait Clovis Lauzé dans la série *Blanche*), Nathalie Jean et l'authentique Clovis Émile Couture, l'époux de Blanche.

Blanche meurt le 11 février 1994, souffrant depuis longtemps de la maladie d'Alzheimer. Elle repose au cimetière de Saint-Lambert, avec son époux Clovis Émile Couture, décédé le 6 décembre 1994.

La chambre
de Blanche comme
au jour de son départ.

Funérailles de Blanche
à Saint-Lambert.

Lieu de repos de Blanche
et de son époux Émile,
dans le cimetière de
Saint-Lambert.

Chapitre 18

La famille Pronovost

Chez la famille Pronovost en 1910. Assis : Émile (Ti-Ton) et,
dans ses bras, son fils Roland ; à ses côtés, son épouse,
Héléna Massicotte. Debout : Ovide, Dosithé et Edmond.

Comment rendre hommage à Émilie Bordeleau sans parler de sa belle-famille, la célèbre famille Pronovost ? Vous avez appris à la découvrir grâce aux romans de madame Arlette Cousture et à la série télévisée. Qui ne se souvient pas d'Ovide, le frère d'Ovila secrètement amoureux d'Émilie, qui voit ses rêves s'effondrer lorsqu'on découvre qu'il « est consomption » (il souffre de tuberculose) ? De Lazare qui souffrait du grand mal (l'épilepsie) et qui fut fauché en pleine jeunesse ? Il y eut aussi Télesphore, Rosée, Edmond et les autres...

Dosithé Pronovost,
le père d'Ovila.

Les prochaines pages sont consacrées à cette famille qui a soutenu Émilie malgré les malheurs. Même lors de sa séparation d'avec Ovila, elle a toujours été la bienvenue chez les Pronovost. Personne ne lui a reproché d'avoir quitté Ovila. La vérité, c'est qu'elle a toujours été plus près de la famille Pronovost que de la sienne.

Le chef de famille, Dosithé Pronovost, naît le 15 juillet 1850, à Saint-Tite de Champlain, en Mauricie. Il est le fils de Denys Pronovost et de Marguerite Cossette. À Saint-Tite, le 30 avril 1872, il épouse Félicité Bédard, fille de Charles Bédard et de Marie Massicotte. Félicité est née le 29 mars 1850, à Sainte-Geneviève de Batiscan.

Acte de baptême de Dosithé Pronovost, père d'Ovila.

Acte de baptême de Dosithé Pronovost

Le dix-huit juillet mil huit cent cinquante par Nous prêtre Curé soussigné a été baptisé Dosithé né hier du légitime mariage de Denys Pronoveau cultivateur en cette paroisse et de Marguerite Cosset, parrain Antoine Vézina, marraine Marie Éloïse Pronoveau qui n'ont su signer.

F.M. Côté Ptre

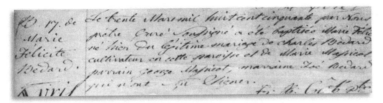

Acte de baptême de Félicité Bédard, mère d'Ovila.

Acte de baptême de Félicité Bédard

Le trente Mars mil huit cent cinquante par Nous prêtre Curé soussigné a été baptisée Marie Félicité né hier du légitime mariage de Charles Bédard cultivateur en cette paroisse et Marie Massicot. Parrain : Georges Massicot, marraine Zoé Bédard qui n'ont su signer.

F.M. Côté Ptre

Acte de mariage de Dosithé Pronovost et de Félicité Bédard[1]

Félicité Bédard,
mère d'Ovila.

Le trente avril mil huit cent soixante et douze, après la publication de trois bans de mariage faite aux prônes de nos messes paroissiales sans opposition ni empêchement entre Dosithé Pronovost cultivateur, fils majeur de Denis Pronovost cultivateur et de défunte Marie Cossette de cette paroisse d'une part ; et Félicité Bédard, fille majeure de Charles Bédard cultivateur et de Marie Massicotte aussi de cette paroisse d'autre part, ne s'étant découvert aucun empêchement de mariage et les parents ayant donné leur consentement nous prêtre curé soussigné avons reçu leur mutuel consentement de

---

1. L'auteure tient à remercier Estelle Brisson, archiviste aux Archives nationales du Québec à Montréal, qui a été d'une aide précieuse dans la retranscription de ce document.

mariage et leur avons donné la bénédiction nuptiale en présence de François Beaudoin et Trefflé Delisle, tous deux cultivateurs qui ont déclaré ne savoir signer.

M. Proulx Ptre

Après leur mariage, Dosithé et Félicité s'installent au rang Le Bourdais à Saint-Tite. Dosithé est cultivateur et commissaire d'école. Les parents d'Ovila n'ont pas la vie très facile.

Vient ensuite Ovide, né le 7 octobre 1876, qui, beaucoup plus tard, souffrira de tuberculose.

Edmond voit le jour le 6 juin 1878. Cet enfant développe une véritable passion pour les chevaux. Il épouse Philomène Beaulieu, qui lui donne une fille, Marguerite, mais cette union est de courte durée et, tout comme son frère Ovila, il se sépare de son épouse. Ce geste fait jaser le village : deux garçons séparés de leur épouse pour une seule famille, c'est beaucoup ! Edmond est décédé le 20 septembre 1940.

Le 1er avril 1880, Félicité donne naissance à un cinquième garçon, Lazare, dont la santé laisse à désirer. Il souffre d'épilepsie, appelée en ce temps-là le « grand mal ». Certains croient même que ceux qui souffrent de cette maladie sont possédés du diable.

Le 24 mars 1882, « notre » Ovila vient au monde.

Le 1er juillet 1884, la famille s'agrandit de nouveau avec la naissance d'une première fille, Rosée. Le 1er septembre 1903, elle épouse Arthur Veillette, et meurt au Cap-de-la-Madeleine, le 7 novembre 1967.

Émile naît le 13 mars 1886. Il épouse Héléna Massicotte, le 22 juin 1909, et meurt en 1968.

Le 8 avril 1888, Félicité donne la vie à sa deuxième fille, Éva. Celle-ci épouse Alphonse Couture le 16 juillet 1907, et, en secondes noces, Hormidas Rousseau. Éva meurt à Grand-Mère le 11 janvier 1963.

Oscar fait son entrée dans le monde le 3 mars 1890. Il devient un personnage illustre à Saint-Tite. Il s'engage d'abord comme ambulancier dans l'armée américaine, puis occupe le poste de chef de gare et celui de maire de Saint-Tite. Il est le propriétaire du premier terrain de camping au Québec, à Lac-aux-Sables.

Oscar, le frère puîné d'Ovila.

Celui que Dosithé et Félicité croient être leur dernier enfant, Télesphore, vient au monde le 20 novembre 1891. Bijoutier à Grand-Mère, il fait partie des zouaves du pape, puis décède à l'âge de 23 ans.

Marie Anne Hénédine naît le 29 avril 1894. Félicité a alors 44 ans. Cette petite fille décède le 5 août suivant.

Dosithé et Félicité sont considérés comme des anges de bonté. Ils ont une place de choix dans la vie d'Émilie, alors qu'elle était loin de sa famille. Félicité et Dosithé l'appuyaient dans ses décisions.

Ils s'étaient probablement rendu compte à leur tour de la femme exceptionnelle qu'était leur belle-fille.

Dosithé ayant donné sa terre à Émile, la lignée des Pronovost de Saint-Tite sera longtemps dans notre mémoire.

Émile et Héléna Massicotte ont eu treize enfants : Roland, Lucinda, Maurice, Charles, Adrien, Aurore, Hénédine, Cécile, Frédéric, Denis, Jean-Jacques, Thérèse et Lucien.

Émile est décédé le 3 décembre 1968, à l'âge de 82 ans.

La famille d'Ovila : ses sœurs Éva et Rosée, et sa mère, Félicité.

Terre ancestrale
de la famille Pronovost.
Saint-Tite en 1950.

Chapitre 19

Les Filles de Caleb *et* Blanche

Ces séries inspirées des romans d'Arlette Cousture, *Le chant du coq* et *Le cri de l'oie blanche*, ont fracassé des records de cotes d'écoute au Québec avec un sommet atteignant 3 664 000 téléspectateurs.

J'ai pensé partager avec vous les propos de ceux qui ont incarné à l'écran ces personnages si attachants, qu'ils m'ont offerts lors de mes recherches sur Émilie Bordeleau.

Germain Houde (Caleb Bordeleau)

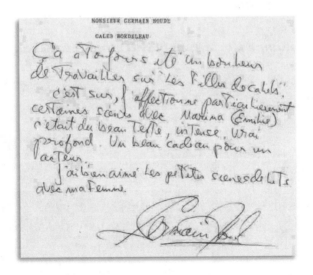

Ça a toujours été un bonheur de travailler sur « Les Filles de Caleb ». C'est sûr, j'affectionne particulièrement certaines scènes avec Marina (Émilie) c'était du beau texte, intense, vrai, profond. Un beau cadeau pour un acteur.

J'ai bien aimé les petites scènes de lits avec ma femme.
Germain Houde

Nathalie Jean et Germain Houde photographiés au cours de l'émission de télévision *Fauteux Prise 2*, à TVA, au début des années 90.

Germain Houde, Nathalie Jean et Véronique Leflaguais, le jour de l'ouverture du Village d'Émilie.

Johanne Marie Tremblay (Célina Dessureau)

nom du personnage : Celina Bordeleau   Date : 6 mai 91
Pour Nathalie   MADAME JOHANNE-MARIE TREMBLAY

Bonjour Nathalie, quelle belle idée que ce musée Émilie Bordeleau, quelle belle aventure que ces recherches qui te mènent toujours plus loin - Tu as découvert une passion pour ces personnes et personnages d'hier qui ont vraiment existé et qui se sont révélés à travers le livre et le film comme des personnages fictifs et réels à la fois. Je t'admire de te passionner pour tout ça - Je t'embrasse et te souhaite d'être heureuse
                              Johanne Marie Tremblay

Bonjour Nathalie, quelle belle idée que ce musée Émilie Bordeleau, quelle belle aventure que ces recherches qui te mènent toujours plus loin. Tu as découvert une passion pour ces personnes et personnages d'hier qui ont vraiment existé et qui se sont révélés à travers le livre et le film comme des personnages fictifs et réels à la fois. Je t'admire de te passionner pour tout ça. Je t'embrasse et te souhaite d'être heureuse.

Johanne Marie Tremblay

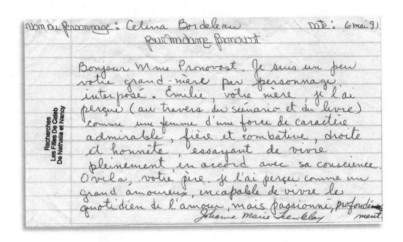

Bonjour Mme Pronovost. Je suis un peu votre grand-mère par personnage interposé. Émilie, votre mère, je l'ai perçue (au travers du scénario et du livre) comme une femme d'une force de caractère admirable, fière et combative, droite et honnête, essayant de vivre pleinement, en accord avec sa conscience. Ovila, votre père, je l'ai perçu comme un grand amoureux, incapable de vivre le quotidien de l'amour, mais passionné, profondément.

Johanne Marie Tremblay

Pierre Curzi (Dosithé Pronovost)

(…) Pour moi, Dosithé était l'archétype de l'homme de la terre d'ici, du Québec : humain, fier et confronté à la dureté du pays. Il avait face à Ovila une réaction d'admiration et de déception : il aurait aimé en faire son héritier, mais il finira par le déshériter. Quant à Émilie, elle incarne, à ses yeux, un heureux mélange des valeurs traditionnelles et d'une modernité nécessaire. Il a de l'estime pour elle. Je crois que Dosithé a perdu la foi, le destin l'ayant trop accablé. Bien à vous

Pierre Curzi

Pascale Montpetit (Marie-Louise Larouche)

Montréal, 16 novembre 95

Bonjour Nathalie,

C'est un plaisir d'apprendre que les télé-séries "Les filles de Caleb" et "Blanche" piquent la curiosité d'une archiviste!.. Je crois que tu auras été ravie de voir le travail de reconstitution historique mené par les décorateurs, accessoiristes, et le meneur de cette merveilleuse aventure, Charles Binamé (pour Blanche). J'ai souvent été émue pendant le tournage en me rappelant que ma grand-mère maternelle, qui s'appelle Colombe (quel joli nom n'est-ce pas?)... avait à peu près l'âge de Mème Louise à la même époque. J'imagine son destin à elle et celui de ses camarades, au début de la vingtaine, à la fin du premier quart de ce siècle pendant lequel tant de choses ont changé! Des chevaux aux avions... De la bougie à l'électricité... Des lettres écrites à la main et envoyées par courrier aux fax... répondeurs automatiques... ordinateurs!..

Et, malgré tout, le bon vieux fond d'humanité reste le même, et la vie de tous et chacun apporte son lot de joies et de peines, de décisions à prendre, de carrières à orienter, de mariages, de décès... de passions!..

J'ai été complètement enchantée par ce tournage, et j'adore voyager dans le temps, par la magie de ces décors et de ces costumes, avec une pensée d'affection intime pour cette garde JOUBANE. (J'apprends par toi qu'elle a vraiment existé!!!
Si tu as des précisions là-dessus, ne te gêne pas pour me les communiquer!..)
(Tu as piqué ma curiosité à ton tour!)

Bonne chance dans tes recherches et... dans la vie!

Pascale Montpetit
XXX

P.S. Tu m'excuseras pour cette lettre écrite à la main au fil de la plume!.. ("Comme dans le bon vieux temps!") Je n'ai pas de machine à écrire!..

Bonjour Nathalie,

*C'est un plaisir d'apprendre que les télé-séries « Les filles de Caleb »
et « Blanche » piquent la curiosité d'une archiviste !...*

*Je crois que tu aurais été ravie de voir le travail de reconstitution
historique mené par les décorateurs, accessoiristes, et le meneur de
cette merveilleuse aventure, Charles Binamé (pour Blanche). J'ai
souvent été émue pendant le tournage en me rappelant que ma
grand-mère maternelle, qui s'appelle Colombe (quel joli nom
n'est-ce pas ?)... avait à peu près l'âge de Marie-Louise à la même
époque. J'imagine son destin à elle et celui de ses camarades, au
début de la vingtaine, à la fin du premier quart de ce siècle pendant
lequel tant de choses ont changé ! Des chevaux aux avions, de la
bougie à l'électricité, des lettres écrites à la main et envoyées par
courrier aux fax... répondeurs automatiques...ordinateurs ! Et, malgré
tout, le bon vieux fond d'humanité reste le même, et la vie de tous et
chacun apporte son lot de joies et de peines, de décisions à prendre,
de carrières à orienter, de mariage, de décès... de passions !...*

*J'ai été complètement enchantée par ce tournage, et j'adore voyager
dans le temps, par la magie de ces décors et de ces costumes, avec
une pensée d'affection intime pour cette garde joubane (J'apprends
par toi qu'elle a vraiment existé !).*

*Si tu as des précisions là-dessus, ne te gêne pas pour me les
communiquer !... (Tu as piqué ma curiosité à ton tour !)
Bonne chance dans tes recherches et... dans la vie !*

Pascale Montpetit

*P.-S. Tu m'excuseras pour cette lettre écrite à la main au fil de la
plume !... (Comme dans le bon vieux temps !) Je n'ai pas de
machine à écrire.*

Patrick Labbé (Télesphore Pronovost)

Salut tout le monde,

Quelle belle expérience d'avoir travailler avec une équipe semblable. Jamais je ne pourrai oublié chacun des moments partagé avec le personnage de Télesphore. Je dois dire que j'ai eu la vie facile, puisque mon travail était déjà fait à 50 % avant même de mémoriser mon texte. J'entend par là, qu'avec un texte de cette qualité, tout semblait « dériver » dans une seule et même direction jusqu'au succès incroyable que tout le monde connaît.

N'oubliez jamais, qu'une production comme celle des « Filles de Caleb » implique plusieurs personnes. Donc le succès de cette légendaire série s'attribue à beaucoup de gens, surtout à Jean Beaudin, à qui je dois cette aventure inoubliable...

Patrick Labbé « Télesphore »

Geneviève Brouillette (Marie-Ange Pronovost)

Bonjour Nathalie,

(...) À la lumière de cette inspiration, Marie-Ange m'a semblé être une femme très forte. Vraiment pas le type à faire une dépression nerveuse. Il y a des gens comme ça qui traversent toutes sortes d'épreuves très dures, mais qui réussissent toujours à garder le sourire, l'énergie, la joie. Une fonceuse, Marie-Ange, une gagnante qui ne perd pas son temps à se lamenter sur ses problèmes mais qui, plutôt, se concentre sur des solutions. Malgré le destin qui, pourtant, semble s'acharner sur elle.

Pour ce qui est du tournage, il fut très agréable. Charles Binamé est un réalisateur exceptionnel, un être d'une très grande douceur et il a su faire régner sur son plateau une atmosphère de respect et de plaisir extraordinaire.

Alors, voilà, je te souhaite une très Bonne Année 1994 et j'espère que ces quelques informations vont pouvoir t'aider...
Bonne continuation dans ton travail.
Ciao

Geneviève Brouillette

Jessica Barker (Charlotte Beaumier)

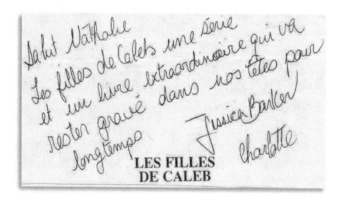

Salut Nathalie,

Les filles de Caleb, une série et un livre extraordinaire qui va rester gravé dans nos têtes pour longtemps.

Jessica Barker (Charlotte)

Ariane Frédérique (Éva Pronovost)

Pour Nathalie,

En jouant dans cette télé-série, j'ai ressenti toute une époque, et ça m'a bouleversée. Le travail que les femmes avaient à faire était immense, mais elles trouvaient du bonheur, là où elles pouvaient. Ils étaient si près de la nature. Quand on pense qu'ils devaient tout faire à la main !

Émilie, c'était une femme forte et je trouve qu'elle était en avance pour son temps. Et Roy Dupuis a si bien interprété son rôle qu'on pourrait croire que c'est lui Ovila !

Il y a tellement de choses que je pourrais dire !
Ariane Frédérique

Caroline Ouellette (Jeanne Pronovost)

Bonjour,

je me présente Caroline Ouellette j'ai incarnée le rôle de "Jeanne Pronovost" dans Blanche Ça m'a fait une très bonne expérience de jouer dans une télésérie telle que "Blanche" et j'en suis très fière. Je ne pourrai donc jamais oublier le tournage de cette important télésérie. J'ai eu un peu de peine de finir de travailler avec des gens auquels je m'étais attachée car c'est une merveilleuse équipe. Ça m'a donnée la possibilitée de rencontrer des gens et des commédiens très interessants

Merci beaucoup, j'ai adorée Blanche!

À bientôt,
Caroline

P.S. Joyeux Noël en avance!

Bonjour,

Je me présente Caroline Ouellette j'ai incarnée le rôle de « Jeanne Pronovost » dans Blanche. Ça m'a fait une très bonne expérience de jouer dans une télésérie telle que Blanche et j'en suis très fière. Je ne pourrai donc jamais oublier le tournage de cette importante télésérie.

J'ai eu un peu de peine de finir de travailler avec des gens auxquels je m'étais attachée car c'est une merveilleuse équipe. Ça m'a donnée la possibilité de rencontrer des gens et des commédiens très intéressants.

Merci beaucoup, j'ai adorée Blanche !
À bientôt,
Caroline

Jennifer Boivin (Aline Bonnier)

Lettre écrite par sa maman…

(…) Ce fut mon premier rôle à la télévision. J'étais très étonnée de voir comment que tout cela fonctionnait.

J'ai bien aimé travailler avec les acteurs qui m'entouraient.

Je n'ai pas trouvé cela difficile de jouer le rôle d'Aline. Bien au contraire, amoureuse de son chien Bido, cela me faisais pensé à ma « Doudou » ma couverture que je trainais toujour avec moi.

J'ai été très chanceuse de pouvoir jouer auprès de Pascal Bussière, Geneviève Brouillette, Rémy Girard, Robert Brouillette qui me faisait rire et Pascal Montpetit. Tous le monde étaient très gentils avec moi. J'ai bien aimé tourner la scène, le jour que je suis dans le parc et que je veus laver Bido dans la fontaine. C'est grâce au réalisateur Charles Binamé et mon agent Marie-Jocelyne Dyon qui m'ont fait confiance si j'ai obtenu ce rôle.

Je leurs dit merci beaucoup
Bien à toi

Lieu du tournage à Saint-Jean-des-Piles, maison et terre de Caleb.

L'école du rang Le
Bourdais sur les lieux
du tournage,
à Saint-Jean-des-Piles.

École d'Émilie à
Saint-Jean-des-Piles.

École d'Émilie à
Saint-Jean-des-Piles,
vue d'un angle différent.

Marina Orsini et Nathalie Jean au début des années 90.

Photo prise par Nathalie Jean alors qu'elle était figurante dans la série *Blanche*. On y voit Pascale Bussière dans le rôle de Blanche et Jean-François Blanchard dans celui du docteur Pierre Beaudry.

Cette photo a été donnée à Nathalie Jean par Rolande Pronovost. Cette dernière est photographiée avec les comédiens de la série.

Conclusion

C'est toute une époque qui s'est enfuie avec le décès d'Émilie Bordeleau. Comment oublier cette femme qui fut certes critiquée jadis, mais tellement extraordinaire !

Ce qui ressort de la vie d'Émilie, c'est qu'elle est née avant son temps. Elle ne se pliait pas aux exigences de l'époque simplement parce qu'il fallait le faire. D'ailleurs, elle répétait souvent : « Entre le principe et la réalité, la marge est grande. »

Aucun homme, à part Ovila, n'a pu entrer dans son cœur. C'était une femme secrète, qui ne laissait jamais transparaître sa souffrance. Même plusieurs années après sa séparation d'avec Ovila, elle ne dépréciait jamais son mari, mais elle ne lui attribuait pas de qualités non plus. Elle n'en parlait tout simplement pas. Elle voulait probablement oublier...

Si Émilie vivait aujourd'hui, elle ferait sans doute une carrière en politique, m'assure-t-on. Elle était avant-gardiste et elle ne se préoccupait pas des qu'en-dira-t-on. Elle fonçait... elle voulait... et, surtout, elle aimait.

Émilie désirait laisser en héritage à ses enfants des valeurs impérissables, et elle l'a fait. Elle leur a laissé le goût de l'instruction et de la passion. Cette passion, qu'elle tient de sa mère, la suit encore, puisque quatre générations d'institutrices se sont succédé dans la famille d'Émilie.

Il y eut tout d'abord Célina, sa mère, ensuite Émilie, puis en troisième génération, certaines de ses filles, et en quatrième génération, certaines de ses petites-filles dont deux filles de Blanche.

Émilie, ta petite-fille Arlette a fait en sorte que les gens te découvrent et t'apprécient. J'espère faire en sorte que, comme moi, ils ne t'oublient jamais...

Annexes

C'est la fin pour le Village d'Émilie

Juillet 2002

Le Village d'Émilie, situé à Grand-Mère, en Mauricie, a été détruit. Voilà quel triste sort on a réservé à ce village qui a fait la joie des nombreux admirateurs d'Émilie Bordeleau et d'Ovila Pronovost. Les merveilleux décors qui ont servi au tournage des *Filles de Caleb*, à Saint-Jean-des-Piles, et qui avaient été soigneusement transportés à Grand-Mère – on a même dû séparer l'école en deux parce qu'elle était trop imposante ! –, ces décors, donc, ont été vendus aux enchères pour le bois et défaits planche par planche par leurs acquéreurs. Seule la maison de Dosithé existe encore ; elle se trouve sur le terrain de son acquéreur.

C'est le cœur tremblant et la larme à l'œil que j'ai fait le tour du Village d'Émilie pour la toute dernière fois, juste avant qu'on le démolisse. Cet endroit, qui avait été si animé, qui bourdonnait de conversations, de rires, d'aboiements et de cris de toutes sortes ; ces rues où se croisaient hommes, femmes et enfants vêtus comme à l'époque ; ces maisons où on boulangeait, enseignait, vivait et aimait ; cet endroit unique respirait alors la désolation et l'abandon, nous rappelant dès le premier regard le Village fantôme de Val-Jalbert. Le silence qui régnait sur les lieux me faisait froid dans le dos.

Je me souviens encore de l'ouverture du village, le 12 juin 1991. J'étais là, fébrile et heureuse, émerveillée comme une enfant devant la beauté du village. À mes côtés se tenaient Marina Orsini et plusieurs comédiens de la série ainsi que Rolande Pronovost Buteau, qui me disait, la gorge serrée : « Avec ce village, personne n'oubliera jamais *moman*. »

Je revois tendrement « notre » Caleb, Germain Houde, qui s'exclamait les yeux brillants : « C'est comme au tournage, c'est exactement pareil ! »

Malheureusement, l'engouement pour les filles de Caleb s'est éteint doucement. Aujourd'hui, il ne reste que les souvenirs des milliers de visiteurs qui ont déambulé à travers les bâtiments d'époque, s'offrant, l'espace d'un court instant, un incroyable voyage dans le temps. Faute d'argent, la ville de Grand-Mère n'a pu garder le village d'Émilie ; pour les mêmes raisons, la ville de Saint-Stanislas a dû fermer les portes du Musée des filles de Caleb, qui prenait place dans l'ancien magasin général Massicotte.

Quant à moi, je me suis lancé le défi de faire en sorte que les gens se souviennent d'Émilie Bordeleau. Et je tiendrai parole !

La destruction du Village d'Émilie
à l'été 2002.

L'école ayant servi au tournage, juste
avant qu'elle soit détruite...

Cette photo a été prise en août 2002. Il y a de cela une dizaine d'années,
on retrouvait à cet emplacement les décors représentant l'école d'Émilie et
ayant servi au tournage de la série, à Saint-Jean-des-Piles.

Généalogie[1]

Frères et sœurs de Caleb

Eusèbe, époux d'Adeline Benoît (1837-1890)

Théophile, époux de Joséphine Mongrain (1839-1903)

Odile, épouse d'Eustache Mongrain (1840-1931)

Trefflé, époux de Rose-Anna Mongrain et de Céline Gauthier (1842-1918)

Amable, époux de Georgiana Grandmont (1845-1905)

Vitaline, épouse de Jean Jacob, de Théophile Thiffault et de Denis Langevin (1847-1927)

Lucie, épouse d'Onésime Brouillette (1849-1924)

Apolline, épouse d'Hercule Bordeleau (1851-1877)

Amédé, époux de Clémentine Gervais (1854-1943)

---

1. L'auteure tient à souligner qu'elle a consulté l'ouvrage *Lignes ancestrales des Pronovost d'Amérique*, tome 1, de Laurent Pronovost.

Enfants de Caleb et de Célina

Léda, née le 13 août 1878, mariée à Saint-Stanislas,
le 13 avril 1896, à Amédé Dupuis, fils d'André et d'Émilie Moreau.
Décédée à Saint-Tite le 3 février 1908.

Émilie.

Edwidge, né le 27 janvier 1882, marié à Saint-Stanislas,
le 9 octobre 1911, à Annie Varin, fille d'Élie et de Louise Pintal.
Décédé à La Sarre le 20 novembre 1958.

Émilien, né le 6 avril 1884, marié à La Sarre,
le 24 octobre 1930, à Lucienne Daigle, fille de Télesphore
et de Laura Lafleur.

Année, née le 31 mars 1886, mariée à Saint-Stanislas,
le 16 avril 1907, à Omer Baribeau, fils d'Alphonse et de Georgiana
Proteau. Décédée à Sainte-Geneviève le 21 juin 1944.

Napoléon, né le 6 mai 1888, marié à Saint-Stanislas,
le 11 juillet 1916, à Léontine Trudel, fille de Michel et de Célestre
Gervais. Décédé à Saint-Stanislas le 16 décembre 1960,
d'un cancer de l'intestin.

Honoré, né le 17 mai 1890, marié à Saint-Stanislas,
le 6 juillet 1915, à Albertine Trépanier, fille d'Alfred et d'Olivine
Mongrain. Décédé à Saint-Stanislas le 6 octobre 1970,
d'un cancer de la prostate.

Amédé Rosaire, né le 25 juin 1892 ; il est demeuré célibataire.

Jean-Baptiste, né le 13 août 1894 ; il est demeuré célibataire.
Décédé le 19 septembre 1994 en Abitibi, à l'âge vénérable
de 100 ans et 1 mois !

Alma, née le 17 janvier 1897 et décédée le 3 mars 1897.

LES BORDELEAU

9e génération
Bordeleau | Dompierre sur Boutonne | Vilain
Jean | Aunis | Marie

8e génération
Bordeleau | Notre-Dame de Québec | Hallier
Antoine | 15 octobre 1669 | Perette

7e génération
Bordeleau | Pointe-aux-Trembles | Piché
Antoine | 5 mars 1696 | Catherine

6e génération
Bordeleau | Pointe-aux-Trembles | Savary
Antoine | 4 novembre 1727 | Madeleine

5e génération
Bordeleau | Sainte-Geneviève (Batiscan) | Thiffault
Michel | 11 avril 1768 | Marie-Josephe

4e génération
Bordeleau | Sainte-Anne-de-la-Pérade | Vallé
Michel | 17 janvier 1797 | Élisabeth

3e génération
Bordeleau | Saint-Stanislas | Délisle
Marcel | 9 février 1836 | Émilie

2e génération
Bordeleau | Saint-Stanislas | Dessureault
Caleb | 18 septembre 1877 | Célina

1re génération
Bordeleau | Saint-Stanislas | Pronovost
Émilie | 9 septembre 1901 | Charles (Ovila)

LES PRONOVOST

Rouillard Prenoveau Guillaume	**9e génération** Notre-Dame de Coigne Larochelle, Aunis	Garneau Jeanne
Rouillard Prenoveau Mathieu	**8e génération** Notre-Dame (Larochelle) Paris, 26 juin 1667	Guillet Jeanne
Rouillard Prenoveau Mathieu	**7e génération** Trois-Rivières 16 avril 1725	Lemay Marie-Anne
Rouillard Prenoveau Ignace	**6e génération** Batiscan 11 avril 1763	Durabot Marie-Anne
Pronovost François	**5e génération** Saint-François (Batiscan) 25 août 1806	Lacoursière Marguerite
Pronovost Denis	**4e génération** Saint-Stanislas 25 janvier 1842	Cosette Marguerite
Pronovost Dosithé	**3e génération** Saint-Tite 30 avril 1872	Bédard Félicité
Pronovost Charles (Ovila)	**2e génération** Saint-Stanislas 9 septembre 1901	Bordeleau Émilie
Pronovost Blanche	**1re génération** Saint-Stanislas 15 décembre 1938	Couture Émile

LA FRANCE ANCESTRALE

Bordeleau : Dampierre sur Boutonne
arr. St Jean d'Angély évêché La Rochelle, Aunis
Pronovost : Notre-Dame-de-Cogne, La Rochelle; Aunis.

Tarte à la mélasse d'Émilie

Ingrédients
250 ml (1 tasse) de mélasse
125 ml (1/2 tasse) de sucre granulé
250 ml (1 tasse) d'eau chaude
15 ml (1 c. à soupe) de bicarbonate de soude
90 ml (6 c. à soupe) de graisse fondue
250 ml (1 tasse) de farine pour terminer le mélange

Manière de procéder
Délayer la mélasse avec le sucre et l'eau chaude contenant le bicarbonate de soude. Ajouter la graisse fondue et terminer avec la farine. Déposer dans une abaisse de tarte non cuite. Cuire au four à 350° F environ 30 minutes.

Bon appétit !

Dame Émilie S. Pronovost –

La vraie histoire d'Émilie Bordeleau
Fille de Caleb

http://www.colba.net/~rrompre/emilie2/

Le Fonds Émilie-Bordeleau a été créé en 1992, par des parents
ainsi que des chercheurs, sous la présidence d'honneur de la
petite-fille d'Émilie Bordeleau, madame Arlette Cousture.
Pour de plus amples renseignements sur ce Fonds affilié à
l'Université de Montréal, dont le but consiste à promouvoir la
recherche en éducation des personnes ayant une déficience
intellectuelle, vous pouvez appeler au (514) 343-5987.

MEMBRE DE SCABRINI MEDIA

Québec, Canada
2004